Pedro Álvarez Olañeta
Trinidad Bonachera Álvarez

2000 Redewendungen
Deutsch – Spanisch

Max Hueber Verlag

Das Werk und seine Teile sind urheberrechtlich geschützt.
Jede Verwertung in anderen als den gesetzlich zugelassenen
Fällen bedarf es deshalb der vorherigen schriftlichen
Einwilligung des Verlages.

Das Werk und seine Teile sind urheberrechtlich geschützt.
Hinweis zu § 52a UrhG: Weder das Werk noch seine Teile dürfen ohne
eine solche Einwilligung überspielt, gespeichert und in ein Netzwerk
eingespielt werden. Dies gilt auch für Intranets von Firmen und von
Schulen und sonstigen Bildungseinrichtungen.

| 3. 2. 1. | Die letzten Ziffern |
| 2010 09 08 07 06 | bezeichnen Zahl und Jahr des Druckes. |

Alle Drucke dieser Auflage können, da unverändert,
nebeneinander benutzt werden.
1. Auflage
© 2006 Max Hueber Verlag, 85737 Ismaning, Deutschland
Umschlaggestaltung: Parzhuber & Partner, München
Redaktion: César Arencibia Rodríguez, München
Zeichnungen: Martin Guhl, Duillier/Schweiz
DTP: Satz+Layout Fruth GmbH, München
Druck und Bindung: Offizin Andersen Nexö, Leipzig
Printed in Germany
ISBN 3-19-007895-5

Vorwort

Beim Erlernen einer fremden Sprache taucht man in eine neue Welt ein und unternimmt dabei nicht nur eine stufenweise Entdeckung von Wörtern und Grammatik, sondern erfährt auch vieles über die dieser Sprache eigene Kultur und Denkweise, die anhand von Redensarten zum Ausdruck kommt.

Die Redewendungen sind die Seele einer Sprache und machen sie lebendig, aber sie können uns auch leicht in die Irre führen. Wie Sie beim Lesen dieses Buches erfahren werden, kann man die deutschen Wendungen oft nicht wörtlich ins Spanische übersetzen, da sie durch ein anderes Bild veranschaulicht werden oder einen anderen Sinn ergeben; während sich die Deutschen beispielsweise „wie ein Ei dem anderen gleichen", drücken die Spanier dies folgendermaßen aus: «parecerse como dos gotas de agua». Es kann sogar vorkommen, dass eine deutsche Redensart auf Spanisch genau das Gegenteil bedeutet; wenn Sie in Spanien einem Gastgeber sagen, dass „das Essen ein Gedicht war", wird er wahrscheinlich „große Augen machen", weil es heißt, dass sein Essen ungenießbar war. Hinzu kommt, dass viele deutsche Redewendungen kein idiomatisches Äquivalent im Spanischen haben oder ihr Gebrauch auf einen bestimmten Kontext beschränkt ist. Aber mit Hilfe dieses Buches werden Sie diese Probleme überwinden können und bei den Spaniern immer „den Nagel auf den Kopf treffen".

Als Ordnungsprinzip wurde das erste Substantiv der Wendung bzw. ein Hauptstichwort gewählt. Während Sprichwörter (prov) auch im Deutschen gekennzeichnet sind, werden stilistische Einschränkungen nur für das Spanische angegeben.

Folgende linguistische Abkürzungen werden verwendet:
(col) = umgangssprachlich, (vulg) = vulgär, (ant) = veraltet, (bibl) = biblischen Ursprungs, (Lam) = lateinamerikanisches Spanisch, FA = falso amigo (falscher Freund), (prov) = proverbio (Sprichwort), (fig) = figürlich, jmd = jemand, alg. = alguien (jemand)

Wir möchten uns ganz herzlich bei Christiane Braun und Wolfgang Miltschitzky für ihre Unterstützung bedanken.

Pedro Álvarez Olañeta
Trinidad Bonachera Álvarez

A • von A bis Z
de cabo a rabo (col), de pe a pa (col)
Se aprendió los apuntes de cabo a rabo y sacó un sobresaliente en el examen.

A • Wer A sagt, muss auch B sagen. (prov)
Una obligación trae la siguiente. / Quien empieza algo, tiene que terminarlo. / Quien da su palabra, tiene que cumplirla.

A • das A und O
lo esencial, lo más importante
Lo más importante en una relación es el respeto mutuo.

Aal • sich winden wie ein Aal
escabullirse, escurrirse como un pez
Se escabulló como pudo cuando le dijeron que pagara él la cena.

aalen • sich aalen
no hacer nada, holgazanear, gandulear
Pasó todo el fin de semana tirado en el sol sin hacer nada.

aalglatt • aalglatt sein
escurridizo como un pez, ladino, taimado
Enrique es escurridizo como un pez y siempre se escabulle a la hora de trabajar.

ABC • ein Abc-Schütze sein
párvulo, niño que empieza a ir al colegio
Los párvulos de esta clase están aprendiendo ahora las primeras letras.

abgebrannt • abgebrannt sein
no tener ni un céntimo, no tener ni un duro (col), estar sin un cuarto (col), estar a la cuarta pregunta (col)
No te puedo prestar nada; no tengo ni un céntimo.

abgebrüht • abgebrüht sein
estar escaldado (por las malas experiencias) (col), ser insensible, no inmutarse por nada (col), tener sangre de horchata, no tener sangre en las venas (col)
Se ha vuelto muy insensible desde que lo dejó su mujer.

abgedroschen • eine abgedroschene Phrase
una frase trillada
Ese político siempre utiliza las mismas frases trilladas para conseguir votos del pueblo.

abklappern • alles abklappern
ir de casa en casa, recorrer todos los lugares
Fui de casa en casa pidiendo ayuda en vano.
ir de tienda en tienda, recorrer todas las tiendas
Fui de tienda en tienda, pero no encontré el libro que le quería regalar por su cumpleaños.

Abklatsch • ein Abklatsch von etwas sein
ser un calco de algo (col)
Este proyecto es un calco del que presentó el señor Rodríguez hace cuatro meses.

abkratzen
estirar la pata (col), irse al otro barrio (col), diñarla (col)
Estiró la pata poco antes de cumplir los 90.

abnehmen • Das nehme ich dir nicht ab!
¡Me estás tomando el pelo! (col) / ¡No te creo! / ¡Eso es un cuento! (col)

Abreibung • eine Abreibung bekommen
recibir una buena paliza (col), recibir una buena tunda (col), recibir una zurra (col), recibir una reprimenda
El niño recibió una buena reprimenda de su padre por haber roto la bicicleta de su hermano menor.

absahnen
sacar partido (de algo), sacar provecho (de algo), sacar tajada (col)
Todos han sacado una buena tajada de la venta de esos terrenos.

abschminken • Das kannst du dir abschminken!
quitarse algo de la cabeza (col), quitarse algo de la mente, tener que olvidarse de algo
¡Esa idea te la tienes que quitar de la cabeza!
¡De eso te puedes olvidar!

abservieren • jmd abservieren
despedir a alg., deshacerse de alg. (col), desembarazarse de alg. (col), despachar a alg. (col)
Después de varios intentos fallidos consiguió deshacerse de su secretaria.

Abstellgleis • aufs Abstellgleis geschoben werden
arrinconar a alg. (col)
Su partido lo arrinconó por haber hecho algunas declaraciones demasiado críticas.

Achse • ständig auf Achse sein
estar siempre de un lado para otro, estar siempre de viaje
Desde que se dedica a la música está todo el tiempo de un lado para otro.

achtkantig • achtkantig hinauswerfen
echar a alg. (col), expulsar a alg., despedir a alg., poner a alg. de patitas en la calle (col)
Lo pusieron de patitas en la calle porque siempre llegaba tarde al trabajo.

ad • ad acta legen
archivar, dar carpetazo (col)
Archivemos la cuestión ya que nunca vamos a conseguir resolver el problema.

Adamskostüm • im Adamskostüm sein
como Dios lo trajo al mundo (col), en cueros (vivos) (col), en pelotas (vulg), desnudo
Le dan tanto asco las cucarachas que salió corriendo del baño como Dios la trajo al mundo al ver una.

Adel • Adel verpflichtet
Nobleza obliga.

Ader • eine Ader für etwas haben
tener talento para algo, tener vena de . . . , ser un . . . nato
Tiene vena de artista. / Es un artista nato.

Adresse • an die falsche Adresse kommen
llamar a la puerta equivocada, equivocarse de persona / hombre
Se equivocó de hombre al pedirle a Jaime que votara al PSOE; Jaime es muy conservador.

Affäre • sich aus der Affäre ziehen
escurrir el bulto (col), quitarse el muerto de encima (col)
Nadie quiere reconocer su culpa e intentan quitarse el muerto de encima como pueden.

Affe • Mich laust der Affe!
¡Increíble!, ¡No lo puedo creer!
¡No lo puedo creer! ¡Lleva ya dos horas hablando por teléfono!

Affe • einen Affen haben
Redewendungen, die einem zunehmenden Maß an Betrunkenheit entsprechen: tener una mona, estar como una cuba (col), tener una trompa (col), tener una cogorza (col), tener una curda (col), tener una papa (col), tener una melopea (col)
Después de la fiesta llegó a casa borracho como una cuba.

affengeil
guay (col), demasia(d)o (para el cuerpo) (col), de puta madre (vulg)
El nuevo CD de la Orquesta filarmónica es demasiado.

Affenliebe • mit einer Affenliebe an jmd hängen
sentir amor ciego por alg., depender emocionalmente de alg.
Aunque la maltrata psicológicamente, el amor que siente por él es ciego y no consigue separarse de él.

Affenschande • Das ist eine Affenschande!
¡Es una verdadera vergüenza!

allerhand • Das ist ja allerhand!
tadelnd: *¡Qué frescura! (Frechheit!)* / *¡Esto es demasiado! (col)*
anerkennend: *¡Ante esto hay que quitarse el sombrero!*

alles • alles oder nichts
todo o nada

allzu viel • Allzu viel ist ungesund.
Los excesos se pagan.

Altenteil • sich aufs Altenteil setzen / zurückziehen
jubilarse, retirarse
Después de haber trabajado 45 años estaba contenta de poderme jubilar.

Alter • Alter schützt vor Torheit nicht. (prov)
El tonto, si viejo, doblemente tonto.

Amen • Das ist so sicher wie das Amen in der Kirche.
Esto es tan cierto como que existe un Dios. / Esto es tan cierto como que dos y dos son cuatro.

Amtsschimmel • Da wiehert der Amtsschimmel!
¡Con la burocracia hemos topado!, papeleo (col), trámites burocráticos
Tanto papeleo nos está ahogando.

anbaggern • jmd anbaggern
intentar ligar con alg. (col)
Intenta ligar con todas las chicas que pasan por su lado.

Anblick • kein erfreulicher Anblick sein
dar pena ver algo
Da pena ver la fachada de la nueva casa toda cubierta de pintadas.

anbrennen • nichts anbrennen lassen
no dejar pasar (ni) una
No debes dejar pasar ni una si quieres llegar lejos en esta empresa.

andrehen • jmd etwas andrehen
endosar/encasquetar algo a alg. (col)
El vendedor me intentó endosar una aspiradora que no funcionaba bien.

anecken • bei jmd / mit etwas anecken
incordiar a alg. (con algo), molestar a alg. (con algo)
Me estuvo incordiando toda la tarde con sus continuas quejas.

Anfang • Aller Anfang ist schwer. (prov)
Todos los principios son difíciles. (prov) / El primer paso es el que cuesta.

Anfang • der Anfang vom Ende
el principio del fin
La empresa está empezando a despedir a algunos trabajadores; yo creo que esto es el principio del fin.

angebunden • kurz angebunden sein
ser parco en palabras, despachar con pocas palabras (col)
Fue muy parco en palabras cuando lo llamé por teléfono para felicitarlo.

Angelegenheiten • sich um seine eigenen Angelegenheiten kümmern
ocuparse de sus propios asuntos, no meterse donde no lo llaman a uno
¡No se meta usted donde no lo llaman!

angenehm • das Angenehme mit dem Nützlichen verbinden
combinar el placer con el deber, unir lo agradable con lo útil, aunar lo agradable y lo útil
Me gustaría combinar el placer con el deber en mi próximo viaje de negocios.

angeschrieben • bei jdm gut / schlecht angeschrieben sein
gozar / no gozar de la simpatía de alg., estar bien / mal con alg.
Ese profesor no goza de la simpatía de sus alumnos.

angewurzelt • wie angewurzelt stehen
quedarse paralizado (col) / de piedra (col), no poderse mover
Cuando me atacó el ladrón me quedé paralizado de miedo y ni siquiera pude gritar.

Angst und Bange • Da kann einem ja Angst und Bange werden.
estar muerto de miedo, morirse de miedo, estar cagado de miedo (vulg), cagarse de miedo (vulg)
Cuando se apagaron todas las luces por poco no me muero de miedo.

Angsthase
gallina (col)
Eres un gallina; siempre sales corriendo cuando ves al vecino con su perro.

Anhieb • auf Anhieb
ohne nähere Prüfung: a primera vista, a ojo de buen cubero (prov), de improviso, sin pensarlo, de golpe y porrazo (col)
A ojo de buen cubero yo diría que la habitación mide unos 20 metros cuadrados.
beim ersten Versuch: al primer intento, a la primera
No consiguió aprobar el examen al primer intento.

Annalen • in die Annalen eingehen
entrar en los anales, pasar a la historia
El atentado del 11-M pasará a la historia como uno de los más crueles que se han cometido.

Anno • Anno Tobak
en tiempos de Maricastaña (col)
Sucedió hace mucho tiempo, en tiempos de Maricastaña.

Anschluss • den Anschluss verpassen
perder el tren (col)
Si no terminas pronto tu tesis doctoral perderás el tren y nunca llegarás a ser catedrático.

Anstands-Wauwau • den Anstands-Wauwau spielen
ir de carabina
Nunca consigo estar a solas con mi novio; su amigo Paco siempre va de carabina.

Anstoß • Anstoß an etwas nehmen
chocar con algo (fig), encontrar inconvenientes
Me molesta que siempre tengamos que chocar con la actitud intransigente de Beatriz.

Apfel • in den sauren Apfel beißen (müssen)
hacer de tripas corazón (prov)
Después de perder el último autobús no tuve más remedio que hacer de tripas corazón y sacar fuerzas para recorrer a pie los cuatro kilómetros hasta mi casa.

Apfel • Der Apfel fällt nicht weit vom Stamm. (prov)
De tal palo, tal astilla. (prov)
Le gusta bromear igual que a su padre. ¡De tal palo, tal astilla!

Apfel • für n' Appel und n' Ei
medio regalado, tirado (col)
He conseguido este coche medio regalado.

April • jmd in den April schicken
dar / gastar una inocentada (am 28. Dezember), quedarse con alg. (col)
Se quedaron con él al decirle que le había tocado la lotería.

Arbeit • Erst die Arbeit, dann das Vergnügen. (prov)
Antes es la obligación que la devoción. (prov)

Ärger • seinen Ärger runterschlucken
tragarse el enfado
Tuvo que tragarse el enfado ante su jefe para no complicar más las cosas.

Arm • jmd auf den Arm nehmen
tomar el pelo a alg. (col), quedarse con alg. (col), engañar a alg., embaucar a alg.
Le tomó el pelo haciéndole creer que el anillo era de diamantes.

Arme • jmd unter die Arme greifen
tender la mano a alg (fig), ayudar a alg., socorrer a alg.
Por suerte sus padres le ayudaron y así pudo pagar sus deudas.

Ärmel • die Ärmel hochkrempeln
remangarse (las mangas)
Aquí todo el mundo se tiene que remangar y colaborar.

Ärmel • etwas aus dem Ärmel schütteln
sacarse algo de la manga (col), improvisar
Ahora se ha sacado de la manga una nueva fórmula para que los niños no lo molesten cuando está viendo el fútbol.

Arsch • sich den Arsch aufreißen
romperse los cuernos (vulg), partirse el culo (vulg)
Yo me he estado rompiendo los cuernos por él y ni siquiera me ha dado las gracias.

Arsch • sich in den Arsch beißen

tirarse de los pelos (col)
Con gusto me hubiera tirado de los pelos cuando descubrí que había hecho todo el trabajo para nada.

Arsch • Er kann mich mal am Arsch lecken.

¡Que le den por culo! (vulg). / ¡Que lo jodan! (vulg)

Arschkriecher • ein Arschkriecher sein

ser un lameculos (vulg)
Es el mayor lameculos que he conocido en mi vida.

Arschloch • ein Arschloch sein

ser un hijo de puta (vulg), ser un cabrón (vulg)
Su jefe es el mayor hijo de puta del mundo.

Art • aus der Art schlagen

neutral: ser distinto, ser diferente
Jaime es distinto a sus hermanos y le gusta hacer un poco de deporte todos los días.
im schlechten Sinne: torcerse, dar la nota, ser la oveja negra
A Maite no le gusta ni estudiar ni trabajar, es la oveja negra de su familia.

Asche • sich Asche aufs Haupt streuen

cantar el mea culpa, confesarse culpable, arrepentirse
Cuando descubrió su error no tuvo más remedio que cantar el mea culpa delante de todos sus compañeros.

Ast • sich einen Ast lachen

desternillarse de risa, partirse de risa, morirse de risa
Por poco no me muero de risa cuando me contaron lo que te había pasado.

Ast • Man sägt nicht den Ast ab, auf dem man sitzt. (prov)
Matar a la gallina de los huevos de oro. (prov)

astrein • nicht astrein sein
haber gato encerrado (col), ser sospechoso, no estar cien por cien claro
Me pareció que en ese negocio había gato encerrado y decidí no invertir en él.

Atemzug • bis zum letzten Atemzug
hasta el último aliento, hasta la última bocanada, hasta el último suspiro
Lucharé por ti hasta el último aliento.

auf • das Auf und Ab
las vicisitudes de la vida, las vicisitudes de la fortuna
Con los años uno se va acostumbrando a las vicisitudes de la vida.

auffliegen • mit etwas auffliegen
salir a la luz (pública)
El ministro de economía tuvo que dimitir porque salieron a la luz todas las irregularidades que se habían cometido en su ministerio.

aufgeschoben • Aufgeschoben ist nicht aufgehoben.
Lo dejamos para otra vez / otro día / otra ocasión.

Aufhebens • (nicht) viel Aufhebens von etwas machen
(no) meter mucho ruido por algo, (no) armar un lío tremendo por algo (col), (no) hacer algo a bombo y platillo(s)
Armó un lío tremendo sólo porque alguien le había puesto una taza sucia encima de su mesa.

auftragen • dick auftragen
exagerar, recargar las tintas, darse importancia, presumir, fanfarronear
Exageró tanto describiendo la belleza de su novia que casi me decepcionó cuando la conocí.

Aufwasch • in einem Aufwasch machen
de una vez, de un solo golpe, de un tirón (col)
Corrigió los cuarenta exámenes de un tirón y se los devolvió a sus alumnos al día siguiente.

Augapfel

Augapfel • etwas / jmd wie seinen Augapfel hüten
cuidar algo / a alg. como a la niña de sus ojos, guardar algo como oro en paño
Guarda ese collar como oro en paño porque es el único recuerdo que le queda de su abuela.

Augapfel • der Augapfel von jmd sein
ser el ojito derecho de alg., ser la niña de sus ojos
Se nota mucho que Pepito es su ojito derecho.

Auge • Aus den Augen, aus dem Sinn. (prov)
Si te he visto, no me acuerdo.

Auge • mit einem blauen Auge davonkommen
salir bien librado / parado
Salió bien librado pues sólo lo condenaron a seis meses de cárcel.

Auge • das Auge des Gesetzes
el brazo de la ley
Es muy difícil escaparse del brazo de la ley; antes o después terminas cayendo en sus redes.

Auge • ins Auge gehen
terminar en lágrimas, terminar mal
Los niños estuvieron jugando toda la tarde pero al final se pelearon y todo terminó en lágrimas.

Auge • Auge um Auge, Zahn um Zahn.
Ojo por ojo y diente por diente. (bibl)

Auge • ein Auge zudrücken
hacer la vista gorda (col), mirar para otra parte (col)
Pude pasar una botella más de ron porque el funcionario de aduanas hizo la vista gorda.

Auge • kein Auge zutun
no pegar un ojo (col)
No pude pegar un ojo en toda la noche por culpa de los vecinos de arriba que no paraban de gritar.

Augen • unter vier Augen
a solas
Tenemos que discutir ese problema a solas, cuando los niños no estén en casa.

Augen • sich die Augen ausweinen
llorar a lágrima viva, deshacerse en llanto, deshacerse en lágrimas, llorar a moco tendido (col)
Cuando la dejó el novio se pasó horas tirada en el sofá llorando a lágrima viva.

Augen • jmd schöne Augen machen
lanzar miraditas a alg.
Amalia está cada vez más celosa porque su novio siempre le lanza miraditas a todas sus amigas.

Augen • die Augen sind größer als der Magen
comer con los ojos (col)
Como siempre he comido con los ojos y me he apartado más de lo que realmente puedo tomar.

Augen • aus den Augen verlieren
perder a alg. de vista, perderle el rastro a alg., perder el contacto con alg.
Hace por lo menos ocho años que le perdí la pista a Juan.

Augen • schwarz vor Augen werden
desmayarse, perder el sentido, perder el conocimiento
Perdió el conocimiento cuando le comunicaron la triste noticia.

Augenweide • eine Augenweide sein
ser una recreación para los ojos, ser una alegría para los ojos, ser un deleite para los ojos
La exposición de Dalí es un deleite para los ojos.

August • den dummen August spielen
hacer el payaso (col), hacer el tonto (col), ser un tonto de capirote (col)
Javier está todo el tiempo haciendo el tonto en la clase y los profesores ya no saben qué hacer con él.

ausbaden • etwas ausbaden müssen

pagar el pato (col), pagar los platos / vidrios rotos (col), sufrir las consecuencias de algo, cargar con la culpa de algo, cargar con el muerto (fig)
Los otros salieron corriendo antes de que llegara la policía y a él le tocó pagar el pato.

ausbrüten

eine Krankheit: incubar
Creo que David está incubando la gripe; ha habido una epidemia en su colegio.
eine Gemeinheit: urdir, tramar, maquinar
El principal partido de la oposición está tramando algo en contra del presidente.

Ausgeburt • eine Ausgeburt der Hölle sein

engendro del diablo, aborto del infierno, desalmado, demonio, diablo
En aquella época las calles estaban llenas de desalmados que no respetaban a nadie.

ausgeschissen • wie ausgeschissen aussehen

tener mala cara
Tenía tan mala cara que su jefe le dijo que se fuera a casa y se metiera en la cama.

Ausnahme • Ausnahmen bestätigen die Regel. (prov)
La excepción confirma la regla. (prov)

auspacken • auspacken (mit der Sprache herauskommen)
desembuchar (col), tirar de la manta (col), desahogarse, confesar algo, contar toda la verdad
Parecía muy triste y no decía nada hasta que al final contó toda la verdad.

Ausrede • nie um eine Ausrede verlegen sein
tener siempre una excusa, no faltarle nunca una excusa
Esta chica llega con frecuencia tarde a clase, pero siempre tiene una excusa.

aussteigen • aussteigen / ein Aussteiger sein
retirarse, vivir al margen de
Algunos quisieran vivir al margen de las reglas que dicta la sociedad.

außer • (vor Wut, vor Entsetzen) außer sich sein
estar fuera de sí (de rabia, de pánico)
Estaba fuera de sí de rabia cuando se enteró del desatino que habían hecho con su proyecto.

Axt • sich wie die Axt im Walde benehmen
comportarse como un caballo / un elefante en cacharrería
Se comportó como un caballo en cacharrería, no tiene ningún tacto.

Backpfeife • jmd eine Backpfeife geben
darle una bofetada a alg., darle una torta / un tortazo en la cara a alg. (col),
darle una chuleta en la cara a alg. (col), darle un revés a alg. (col)
Un hombre me insultó por la calle y como respuesta le di una bofetada.

baden • als Kind zu heiß gebadet worden sein
haberse caído de un guindo (col), no estar bien de la cabeza,
estar tonto (col)
¿Tú pretendes que yo te crea? ¿Tú te has caído de un guindo o qué?

Bahn • sich Bahn brechen
abrirse camino, abrirse paso, salvar todos los obstáculos
Se abrió camino en la vida sin importarle que los demás cayeran a su paso.

Bahn • auf die schiefe Bahn geraten
apartarse del buen camino (bibl), tener mala compañía, echarse a perder (col)
Por culpa de las malas compañías se apartó del buen camino y nunca llegó a ser nadie en la vida.

Bahn • aus der Bahn geworfen werden
echar(se) a perder (col), desequilibrar(se)
El alcohol lo echó a perder y toda su vida se fue a pique.

Bahnhof • nur Bahnhof verstehen
no entender ni palabra / ni torta (col) / ni jota (col) / ni papa (col)
No entendí ni torta de toda la explicación que me dio.

Balken • lügen, dass sich die Balken biegen
mentir alg. más que habla (col), contar una sarta de mentiras (col), contar muchas trolas (col), contar muchos embustes (col)
Contó una sarta de mentiras para justificar que no había terminado el trabajo en el plazo acordado.

Balken • den Balken im eigenen Auge nicht sehen
ver la paja en el ojo ajeno y no la viga en el propio (bibl)
Víctor siempre me critica cuando llego tarde, pero él es mucho más impuntual que yo. Ve la paja en el ojo ajeno y no la viga en el propio.

Band • am laufenden Band
sin interrupción, continuamente, sin parar
Cuando traduce comete errores continuamente.

Bandagen • mit harten Bandagen kämpfen
luchar a pecho descubierto / a muerte, entablarse una lucha encarnizada
Las mujeres de nuestra asociación luchan a pecho descubierto contra la discriminación de género.

Bände • Sein Gesicht sprach Bände.
Su cara hablaba por sí sola.
No le dijo que la quería, pero su cara hablaba por sí sola.

Bank • durch die Bank
indistintamente, todos sin excepción, cada quisque / quisqui (col), todo quisque / quisqui (col)
Todo quisque tiene que pagar los impuestos al Estado.

Bank • etwas auf die lange Bank schieben
dar largas a un asunto (col), posponer algo indefinidamente, aplazar algo indefinidamente
Han pospuesto indefinidamente la ampliación de la plantilla debido a la situación económica actual.

Bann • jmd in seinen Bann ziehen
hechizar, fascinar, atraer
El viejo profesor fascinaba a sus alumnos con sus amplios conocimientos.

Bärendienst • jmd einen Bärendienst leisten
perjudicar a alg. sin querer
Me perjudicó sin querer al decirle al jefe que yo sabía hablar perfectamente varios idiomas y que era la persona indicada para el puesto cuando en realidad sólo sé chapurrear el inglés.

Bärenhunger • einen Bärenhunger haben
tener un(a) hambre canina, estar muerto de hambre, estar muy hambriento, tener alg. un(a) hambre que no ve (col)
Esta mañana no me ha dado tiempo a desayunar y tengo ahora un hambre que no veo.

Bargeld • Bargeld lacht
Poderoso caballero es don Dinero. (Quevedo)

Bart • jmd um den Bart gehen
dar (la) coba a alg. (col)
Tienes que darle la coba a tu madre para que te deje ir al cine.

Bart • einen Bart haben
eso es archiconocido, eso es de tiempos de Maricastaña (col), eso está más visto que el tebeo (cómic) (col)
Ese tipo de programa televisivo no es nada original, está ya más visto que el tebeo.

Bart • Der Bart ist ab!
¡Se acabaron los engaños / juegos / trucos!

Batzen • ein schöner Batzen (Geld)
un dineral (col), una buena suma de dinero, la mar de dinero (col)
Se ha comprado un piso en el centro de Sevilla que le ha costado un verdadero dineral.

Bauch • sich den Bauch vollschlagen
darse una panzada de (col), darse un atracón (col), ponerse como el quico (col), ponerse las botas (col), hartarse de, atiborrarse de (col), comer a dos carrillos (col)
Se ha dado un atracón de ensaimadas y ahora no puede conciliar el sueño.

Bausch • in Bausch und Bogen
todo junto, en conjunto, por completo, del todo
Rechazó mi propuesta por completo sin pararse a examinar los detalles.

bauen • auf jemand bauen können
poder contar con alg., poder fiarse de alg.
Cuando tengo problemas siempre puedo contar con mis padres.

Bauer • Die dümmsten Bauern haben die größten (dicksten) Kartoffeln!
Cuanto más bruto, más fruto. (prov) / ¡Todos los tontos tienen suerte! (col)

Baum • zwischen Baum und Borke stehen
estar entre la espada y la pared, estar entre dos fuegos
El pobre Francisco estaba entre la espada y la pared e hiciera lo que hiciera todo el mundo lo criticaría.

Becher • zu tief in den Becher geguckt haben
haber tomado una copita de más (col)
Se le notaba que había tomado una copita de más por lo contento que estaba.

bedeppert
verlegen: avergonzado, cortado (col)
Me quedé totalmente cortado cuando me di cuenta de que había confundido a la madre y a la hija.
niedergeschlagen: cabizbajo, alicaído, desalentado, decepcionado, desilusionado, defraudado
Lo encontré muy alicaído después de la larga enfermedad de su mujer.
verwirrt: desconcertado, aturdido
Se quedó totalmente desconcertado cuando le comunicaron la mala noticia.

Begriff • schwer von Begriff sein
ser duro de mollera (col), ser torpe, ser duro de entendederas (col)
Mi alumno particular es un tanto duro de mollera y a veces pierdo la paciencia cuando tengo que explicarle diez veces lo mismo.

beieinander • gut beieinander sein
fuerte, fornido, rellenito, gordo
César se ha puesto bien fornido desde que se casó.

Beigeschmack • einen (bitteren) Beigeschmack haben
estar teñido de (amargura), tener un toque de (tristeza)
Toda la boda estuvo teñida de tristeza porque sólo hacía tres meses que había muerto el padre de la novia.

Bein • sich kein Bein ausreißen
no matarse trabajando (col), no romperse el espinazo (trabajando) (col), no romperse el cuello trabajando (col)
Nunca se ha matado trabajando y desde que le tocó la lotería aún menos.

Bein • etwas ans Bein binden
echarse una carga encima (col)
Cuando se murió su madre tuvo que echarse encima toda la carga de la familia.

Bein • mit dem falschen / verkehrten Bein aufgestanden sein
levantarse con el pie izquierdo
Mi hijo se ha levantado hoy con el pie izquierdo y está insoportable.

Bein • Auf einem Bein kann man nicht stehen. (prov)
Vamos a tomar la penúltima. (col) / Vamos a tomar otro trago. (col)

Bein • jmd ein Bein stellen
poner / echar la zancadilla a alg. (col), poner obstáculos a alg.
Entre todos me pusieron la zancadilla y no permitieron que mi proyecto saliera adelante.

Beine • mit beiden Beinen auf der Erde (im Leben / auf dem Boden der Realität) stehen
tener los pies en la tierra, ser realista
Hay que tener los pies en la tierra y no hacer planes que son irrealizables.

Beine • immer wieder auf die Beine fallen
caer siempre de pie, salir siempre airoso (de una dificultad)
Se mete en muchísimos problemas, pero siempre sale airoso de ellos.

Beine • sich die Beine in den Bauch stehen
salir barba / raíces de tanto esperar (col), esperar de pie mucho tiempo
Estuvimos esperando de pie mucho tiempo hasta que por fin abrieron las taquillas y pudimos comprar las entradas para la final de la Copa de Europa de fútbol.

Beine • die Beine in die Hand nehmen
poner (los) pies en polvorosa (col), salir por patas (col), largarse (col), pirarse (col), coger las de Villadiego (col)
Nosotros siempre jugábamos al fútbol en el parque aunque estuviera prohibido y poníamos pies en polvorosa cuando llegaba el guarda.

Beine • wieder auf die Beine kommen
Kranke(r): restablecerse, cobrar fuerzas
Geschäftsmann: salir a flote, lograr restablecer sus negocios
Se arruinó varias veces, pero siempre consiguió salir a flote.

Beine • jmd Beine machen
meter prisa a alg., acuciar a alg., arrear a alg. (col)
Siempre tengo que estar metiéndole prisa para que no llegue tarde a los sitios.

Beine • früh auf den Beinen sein
estar en pie temprano, levantarse temprano, levantarse al amanecer
Todos los días me tengo que levantar al amanecer por culpa de los niños.

Beispiel • mit gutem Beispiel vorangehen
dar (buen) ejemplo
Tienes que dar buen ejemplo ante tu hermano pequeño.

beißen • die Farben beißen sich
no pegar los colores (ni con cola)
El color de esa camisa no pega nada con los pantalones que llevas.

bemänteln • etwas bemänteln
beschönigen: dorar la píldora (col)
geheim halten: encubrir, tapar (fig), solapar
Intentaron tapar el escándalo, pero al final todo salió a la luz y el ministro tuvo que dimitir.

berauschend • nicht berauschend sein
ser poco extraordinario, no ser nada especial, no ser nada del otro mundo (col), no ser nada del otro jueves (col)
La fiesta no fue nada especial y la comida que sirvieron tampoco me pareció nada del otro mundo.

Berg • Wenn der Berg nicht zum Propheten kommt, muss der Prophet zum Berge gehen. (prov)
Si la montaña no va a Mahoma, Mahoma va a la montaña. (prov)

Berg • über den Berg sein
ir mejorando, ir ganando terreno, vencer la crisis, vencer las dificultades, estar a salvo, poder cantar victoria (col)
Los médicos han dicho que la enfermedad está evolucionando muy bien, pero que todavía no se puede cantar victoria.

Berg • über alle Berge sein
haber puesto pies en polvorosa (col), haberse marchado, haber volado, haber desaparecido
Cuando se dieron cuenta del desfalco, el administrador ya había puesto pies en polvorosa con todo el dinero.

Berg • goldene Berge versprechen
prometer el oro y el moro (col)
Me prometió el oro y el moro a cambio de mi ayuda en las elecciones y cuando las ganó no me dio ni las gracias.

bergab

bergab • mit jmd / etwas geht es bergab
ir cuesta abajo (y sin frenos), ir de mal en peor, estar en decadencia, estar en declive, echarse a perder, arruinarse, ir de culo (vulg)
La relación fue de mal en peor desde que él se enteró de que ella tenía un amante.

bergauf • mit jmd / etwas geht es bergauf
ir recuperando las fuerzas (Krankheit), ir mejorando
La situación de la empresa fue mejorando a partir de la llegada del nuevo jefe.

Bescherung • eine schöne Bescherung
¡En buen berenjenal nos hemos metido! (col) / ¡Maldita la gracia! (col) / ¡Vaya gracia! (col) / ¡Valiente . . . ! (col) / ¡Estamos aviados! (col) / ¡Estamos frescos! (col) / ¡Vaya lío! (col)
¡Estamos aviados con los nuevos vecinos que se acaban de mudar al piso de arriba!

Beschreibung • (Die Zustände) spotten jeder Beschreibung.
(La realidad) supera cualquier descripción posible. / ser indescriptible, ser imposible describirlo, faltar las palabras para describirlo
Faltan las palabras para describir lo que pasó en la última junta de la asociación.

Besen • Da fress ich einen Besen.
Que me maten si . . . (col)

Besen • Neue Besen kehren gut. (prov)
Un poco de aire fresco siempre sienta bien.
Cuando llegó el nuevo jefe pensamos que un poco de aire fresco le sentaría bien a la empresa, pero este hombre ha sido un huracán que lo ha cambiado todo.

Besenstiel • einen Besenstiel verschluckt haben
estar más tieso que un palo / una vela (col)
Todos esperamos más tiesos que una vela la llegada del general.

besorgen • Was du heute kannst besorgen, das verschiebe nicht auf morgen. (prov)
No dejes para mañana lo que puedas hacer hoy. (prov)

besser • Besser spät als nie. (prov)
Más vale tarde que nunca. (prov)

bestellen • wie bestellt und nicht abgeholt
quedarse compuesta y sin novio (col), quedarse como un pasmarote (col), estar en un sitio sin saber qué hacer
Anoche me quedé compuesta y sin novio pues ninguno de los amigos a los que había invitado a cenar pudo venir.

Bett • sich ins gemachte Bett legen
encontrarse todo hecho
Alfonso se ha encontrado todo hecho en la vida porque su padre ha trabajado como un loco para dejarle una empresa saneada y muchos millones en el banco.

Bettelstab • jmd an den Bettelstab bringen
dejar con una mano delante y otra detrás (col), arruinar, reducir a la miseria, reducir a la pobreza
Su socio huyó con todo el dinero y lo dejó con una mano delante y otra detrás.

betten • Wie man sich bettet, so liegt man. (prov)
Uno recoge lo que siembra. / Uno muere como ha vivido.

betucht • gut betucht sein
ser adinerado, ser pudiente
Es una persona pudiente, pero por su atuendo todo el mundo diría que es un mendigo.

biegen • auf Biegen und Brechen
por las buenas o por las malas, a toda costa, cueste lo que cueste, sin reparar en los medios, sea como sea
Te aseguro que mañana, por las buenas o por las malas, me va a tener que decir toda la verdad.

Bier • etwas wie saures Bier anbieten
querer vender algo a toda costa

Bierkutscher • fluchen wie ein Bierkutscher
jurar como un carretero, soltar muchos tacos
Mis hijos aprenden muchas palabras feas porque su padre se pasa todo el día soltando tacos.

Bild • Das ist ein Bild für die Götter.
Da gusto verlo.

Bild • Setz mich mal ins Bild.
Ponme al corriente (de algo).

Bild • sich selbst ein Bild von etwas machen
hacerse una idea de algo, formarse una opinion de algo
Tardé mucho tiempo en hacerme una idea de cómo funcionaba esa familia.

Bildfläche • von der Bildfläche verschwinden
desaparecer de (la) escena (fig), desvanecerse, esfumarse (col)
Luis se esfumó y le dejó a su mujer todas las deudas.

Bindfäden • Es regnet Bindfäden.
Está lloviendo a chuzos (col). / Está lloviendo a cántaros (col). / Está lloviendo sin parar. / Está diluviando.

Binsen • in die Binsen gehen
<u>Pläne, Hoffnungen:</u> estropearse, fracasar, quedarse en nada (col), quedarse en agua de borrajas (col), irse al carajo (vulg), joderse (vulg)
Todos nuestro planes se quedaron en nada cuando murió el promotor del proyecto.
<u>Geld:</u> malgastar, despilfarrar
Han despilfarrado el dinero en proyectos sin sentido.
<u>Gegenstände:</u> romperse, estropearse, joderse (vulg)
Se me ha jodido el televisor y me voy a quedar sin ver la peli de esta noche.

Binsen • Binsenwahrheit
perogrullada, tópico
Es un tópico decir que todos los españoles son simpáticos y abiertos.

Bissen • ein fetter Bissen sein
ser un golpe de suerte, ser una ganancia inesperada, caer como llovido del cielo (col)
El dinero de la herencia le cayó como llovido del cielo.

Blatt • Das Blatt hat sich gewendet.
Se ha vuelto la tortilla. (col) / Las cosas han tomado otro rumbo.
Antes era siempre mi hermana la que tenía los problemas, pero ahora se ha vuelto la tortilla y soy yo la única que tiene dificultades en la vida.

Blatt • ein unbeschriebenes Blatt sein
no tener antecedentes, ser una persona inocente, ser una incógnita
El nuevo director del colegio es una incógnita: nadie lo conoce ni sabe cuáles son sus intenciones.

Blatt • kein Blatt vor den Mund nehmen
no tener pelos en la lengua (col), no morderse la lengua (col)
Han despedido a mi sobrino de la empresa por no tener pelos en la lengua y decirle siempre a sus superiores lo que piensa.

blau • eine Fahrt ins Blaue machen
hacer un viaje con destino desconocido, hacer una excursión con destino desconocido
Nosotros organizamos todos los domingos excursiones con destino desconocido para los jubilados.

blau • blau machen
hacer novillos (en el colegio) (col), hacer rabona (en el colegio) (col), hacer pira / pellas (en el colegio) (col), no ir a trabajar
Mi abuela siempre hacía novillos cuando era pequeña hasta que un día la vio su padre y la llevó por la oreja al colegio.

blauäugig
ingenuo, cándido, de buena fe
Mi padre siempre actuaba de buena fe y todos se aprovechaban de él.

blechen • blechen müssen
desembolsar, pagar (de mala gana), aflojar el bolsillo (col), apoquinar (col), soltar la pasta (col)
Mi hijo me destrozó el coche, pero fue a mí a quien le tocó apoquinar.

Blick • mit Blicken durchbohren
traspasar a alg. con la mirada, apuñalar con la mirada, matar con la mirada, clavar la vista en alg.
Mi marido por poco no me mata con la mirada cuando dije delante de todo el mundo que él no hacía nunca nada en casa.

Blick • den bösen Blick haben
haber echado a alg. mal de ojo
Mi amiga cree que le han echado mal de ojo pues todo le sale mal desde hace ya algunos años.

Blick • einen Blick hinter die Kulissen werfen
ver qué pasa entre bastidores
En la vida política es más interesante echar un vistazo a lo que pasa entre bastidores que escuchar lo que dicen los políticos en público.

Blick • keines Blickes würdigen
ni siquiera dignarse a mirar, ni siquiera echar un vistazo
Me estuve arreglando durante más de una hora para ir a la fiesta y cuando salí de la habitación mi marido ni siquiera se dignó a mirarme.

blind • Unter den Blinden ist der Einäugige König. (prov)
En el país de los ciegos el tuerto es rey. (prov)

Blitz • wie ein geölter Blitz
más rápido que un rayo, con la rapidez de un rayo, como un relámpago, como un rayo
Nada más terminar de desayunar se va al trabajo como un rayo y sin despedirse de nadie.

Blitz • wie ein Blitz aus heiterem Himmel
caer como una bomba, de repente
La noticia de que nos habíamos casado en secreto cayó en mi familia como una bomba.

Blitz • wie vom Blitz getroffen
quedarse estupefacto / de piedra, quedarse pasmado, estar aturdido, quedarse asombrado
Mis padres se quedaron estupefactos cuando se enteraron de que nos habíamos casado en secreto.

Blitzesschnelle • in Blitzesschnelle
como un rayo, en un santiamén (col), como la pólvora (Verbreitung einer Nachricht usw.)
El niño hizo todos los deberes del colegio en un santiamén y se fue rápidamente a jugar a la calle con sus amiguitos.

Blöße • sich keine Blöße geben
no mostrar su punto flaco, ocultar su punto flaco, no bajar la guardia, no exponerse a críticas
Elías sabe muy bien cómo ocultar sus puntos flacos para que todo el mundo lo admire.

Blücher • rangehen wie Blücher
luchar a brazo partido
Luché a brazo partido por los derechos de las trabajadoras de esa fábrica, pero mi desengaño fue grande al comprobar que nadie se dignó ni siquiera a darme las gracias.

Blume • durch die Blume sagen
insinuar algo, hacer alusión a algo, decir algo indirectamente
Le insinué que quizás esa no fuera la mejor forma de ir vestida a una cena de gala.

Blumentopf • keinen Blumentopf mit etwas gewinnen können
darle a uno un premio
No os van a dar un premio si os dedicáis a marear la pelota, tenéis que meter goles.

Blut • Nur ruhig Blut!
¡Calma! / ¡Serenidad ante todo! / ¡Tranquilo! / ¡Que no cunda el pánico!

Blut • blaues Blut haben
tener sangre azul, ser noble
Su padre estaba en contra de que se casara con una mujer que no tuviera sangre azul.

Blut • das Blut in Wallung bringen
sacar de quicio, hacer que le hierva la sangre a alg. (col)
Me saca de quicio que pierda tanto tiempo lamentándose.

Blut • böses Blut machen
sembrar discordia, sembrar cizaña
Va sembrando discordia entre todos adonde quiera que va.

Blut • Blut ist dicker als Wasser (prov)
Los lazos de la sangre son los más importantes.

Blut • Blut und Wasser schwitzen
Arbeit, Schwierigkeit: sudar la gota gorda (col), sudar tinta (col), sudar sangre (col)
Sudé la gota gorda para arreglar los frenos de la bicicleta.
Angst: cubrirse de sudor frío
Un sudor frío me recorrió todo el cuerpo cuando vi que el perro se abalanzaba sobre mí.

Bock • einen Bock haben / bockig sein
ser testarudo, coger una rabieta (Kinder)
Manolito cogió una rabieta impresionante porque no se quería ir a la cama.

Bock • Null Bock haben
no tener ganas, estar harto, no apetecerle nada algo a alg.
No se me apetece nada en absoluto ir este fin de semana a visitar a tus padres.

Bockshorn • jmd ins Bockshorn jagen
intimidar, meter a alg. el ombligo para dentro (col), acojonar a alg. (vulg), meter miedo a alg.
El ladrón le metió miedo a su víctima diciéndole que lo mataría si no le daba inmediatamente todo lo que llevaba encima.

Boden • jmd den Boden unter den Füßen wegziehen
comer el terreno a alg.
Nos comieron el terreno presentando el proyecto un día antes que nosotros.

Bogen • den Bogen überspannen
apuntar demasiado alto, rebasar los límites, exceder los límites, pasarse (col)
No apuntes demasiado alto pues la caída va a ser más dolorosa si no consigues lo que te propones.

Bogen • einen großen Bogen um jmd machen
evitar encontrarse con alg., evitar cualquier contacto con alg., esquivar a alg.
Se llevó dos meses esquivándome hasta que yo lo llamé un día y le dije que quería hablar muy seriamente con él.

Bohnenstroh • dumm wie Bohnenstroh sein
ser tonto de remate (col) / de capirote (col)
Yo no entiendo como todas pueden estar locas por él cuando en realidad es tonto de remate.

Bombe • wie eine Bombe einschlagen
caer como una bomba
La noticia del cierre del periódico cayó como una bomba entre sus empleados.

Bombe • eine Bombe platzen lassen
hacer saltar una noticia, armarse la gorda / armarse una buena (al salir una noticia a la luz / al saberse la verdad) (col) / la marimorena (col)
Se va a armar una buena cuando la prensa se haga eco de la noticia.

Bombengeschäft
un negocio fabuloso, un negocio colosal, un negociazo
Los primos de Marta han hecho un negociazo con la compra y venta de casas.

Boot • in einem Boot sitzen
estar en el mismo barco
Lo importante es que todos sean conscientes de que estamos en el mismo barco y somos por igual responsables de lo que ocurra.

Bord • (gute Vorsätze) über Bord werfen
tirar / echar por la borda (las buenas intenciones), desechar
Con su actitud intransigente ante su esposa echó por la borda cualquier posibilidad de salvar su matrimonio.

Braten • den Braten riechen
olerse la tostada (col), haber gato encerrado (col), sospechar
Menos mal que me olí la tostada a tiempo y no firmé el contrato que me habían ofrecido.

Brechmittel
ser (un) vomitivo, dar asco, poner a uno enfermo
Da asco oírle hablar de las mujeres como si fueran objetos decorativos.

Brei • (nicht) um den heißen Brei herumreden
(no) andarse con rodeos (col), (no) andarse por las ramas (col)
No te andes por las ramas y cuéntame exactamente qué pasó.

breitschlagen • sich breitschlagen lassen
dejarse persuadir, dejarse ablandar, dejarse convencer
Yo no quería comenzar esa relación, pero me dejé convencer por sus elocuentes palabras.

Brennpunkt • im Brennpunkt stehen
estar en el punto de mira, figurar en el primer plano de la actualidad, ser el principal punto de interés, ser el centro de atención, ser el blanco de todas las miradas
La nueva estrella cinematográfica fue el blanco de todas las miradas en el estreno de su última película.

Bresche • in die Bresche springen
reemplazar / sustituir a alg.
Cuando Miguel se puso de pronto enfermo y no pudo actuar, yo lo reemplacé aunque realmente no me sabía bien el papel.

Brett • ein Brett vorm Kopf haben
tener pocas luces (col), ser duro de mollera (col)
Es un poquito duro de mollera y necesita mucho tiempo para comprender lo que explica el profesor.

Bretter • die Bretter, die die Welt bedeuten
la escena, el teatro
El mundo de la escena es facinante.

Brief • Dafür/darauf gebe ich dir Brief und Siegel.
Te lo garantizo. / Te lo aseguro.

Brille • (alles) durch die rosarote Brille sehen
verlo todo de color de rosa (col)
Es un optimista nato y siempre lo ve todo de color de rosa.

Brillenschlange • eine Brillenschlange sein
gafitas, cuatro ojos (normalerweise als Beleidigung) (col)
¿Por qué me miras así, cuatro ojos?

Brocken • ein harter Brocken sein
ser un hueso duro de roer
Esta asignatura es un hueso duro de roer, pero si le dedicas suficiente tiempo no tendrás problemas para aprobarla.

Brot • sein Brot (seine Brötchen) verdienen
ganarse el pan, ganarse la vida, ganarse las habichuelas (col)
Yo me gano el pan de una forma honrada y no permito que nadie diga de mí que vivo a costa de mi marido.

Brücken • jmd goldene Brücken bauen
allanarle el camino a alg.
A los hijos hay que allanarles un poco el camino para que no les resulte tan difícil el paso de la niñez a la vida de adulto.

Brücken • alle Brücken hinter sich abbrechen
quemar las naves, romper con el pasado
Ya hemos quemado todas las naves y no tenemos más remedio que seguir para adelante.

Brüder • Gleiche Brüder, gleiche Kappen. (prov)
Dios los cría y ellos se juntan. (prov) / Cada oveja con su pareja. (prov)

Brust • aus voller Brust
a toda voz (col), a todo / pleno pulmón (col)
El día que hicimos la excursión a Toledo mis alumnos cantaron a todo pulmón en el autobús.

Brust • sich jmd zur Brust nehmen
poner como un trapo (col) / verde (col) / de vuelta y media (col)
El guarda del parque nos puso como un trapo por haber arrancado algunas flores.

Brust • sich in die Brust werfen
sacar pecho (col), ufanarse
Siempre sacaba el pecho cuando pasaba en bañador por delante de nosotras.

Brustton • mit dem Brustton der Überzeugung
con énfasis, con convicción
Mi médico me habla siempre con tal convicción que nunca tengo la más mínima duda de su diagnóstico.

Buch • reden wie ein Buch
no parar de hablar, hablar sin parar, hablar como un loro / como una cotorra (col)

Buch • ein Buch mit sieben Siegeln sein
Esto es chino para mí. (col) / Esto es un misterio para mí.
Todo lo que tiene que ver con la informática es chino para mí.

Buchstaben • sich auf seine vier Buchstaben setzen
sentarse sobre sus posaderas
¡Siéntate de una vez sobre tus posaderas y no te muevas más!

Bude • die Bude auf den Kopf stellen
poner el cuarto patas arriba (col)
Los amiguitos de mi hijo pusieron el cuarto patas arriba y después se fueron sin recoger.

Bund • den Bund fürs Leben schließen
unir las vidas para siempre, casarse
Al final decidieron unir sus vidas para siempre ante Dios y ante los hombres.

Bündel • sein Bündel schnüren
hacer / liar el petate (col), hacer las maletas y largarse (col)
Hizo el petate y abandonó a su familia para siempre.

Busch • auf den Busch klopfen
airear un tema, sacar un tema a la palestra, tantear el terreno, sonsacar, meter los dedos a alg. (col)
Sacaron el tema a la palestra y lo discutieron durante horas sin llegar a ninguna conclusión.

Butter • sich nicht die Butter vom Brot nehmen lassen
no dejarse quitar lo que es importante para uno
Alicia es una luchadora y no deja que le quiten lo que es importante para ella.

Buxtehude • aus Buxtehude kommen
venir del pueblo (col), venir del quinto pino (col)
Viene del pueblo y se siente perdido en la gran ciudad.

Canossa • den Gang nach Canossa machen
hacer penitencia, purgar las culpas
Después de mi pequeño desliz tuve que purgar mis culpas durante meses y pedir perdón varias veces al día.

Casanova • ein Casanova sein
ser un donjuán
Siguió siendo un donjuán a pesar de estar casado.

Chorknabe • kein Chorknabe sein
no ser un santo (col)
Ya sé que Javier no es ningún santo, pero yo confío en él.

Creme • die Creme der Gesellschaft
la flor y nata, lo más granado de la sociedad
En esa fiesta se reunió la flor y nata de la sociedad madrileña.

Dach • etwas unter Dach und Fach bringen
arrangieren: decidir algo, organizar algo
Por fin hemos organizado todos los partidos de la competición infantil de fútbol.
fertig stellen: arreglar algo de un modo definitivo (einen Plan, Vereinbarung), rematar, dar la última pincelada / el último toque
Tenemos que trabajar algunas horillas más para rematar el informe presupuestario.
sichern: poner a cubierto, poner a salvo
Hemos puesto a salvo todos los documentos que demuestran su culpabilidad.

Dachschaden • einen Dachschaden haben
no estar bien de la azotea (col), no estar bien de la cabeza (col), estar tocado de la cabeza (col), estar como una cabra (col), estar como una chota (col), estar como una regadera (col), estar chiflado (col), faltarle a alg. un tornillo (col)
¡Tú no estás bien de la azotea! ¡Cómo se te ha podido ocurrir decirle eso a la profesora!

dahinterstecken • Wer / was steckt da dahinter?
¿Quién está detrás de esto? / ¿Qué hay detrás de esto?

dalli! • Nun mal dalli dalli!
¡Anda, anda! / ¡Anda, corre! / ¡Date prisa! / ¡Espabílate! / ¡Menéate! (col)

Dampf • Dampf ablassen
desahogarse
Le dijo al jefe todo lo que pensaba de él para desahogarse de una vez por todas.

Dampf • Dampf dahinter machen
mit Volldampf: ir a toda velocidad, ir a toda leche (col), lanzarse sobre algo, emprender algo con ilusión
Se lanzaron sobre el proyecto y lo terminaron en pocos días.
mehr Energie einsetzen: arrear (col), acuciar, impulsar
Mi madre siempre nos está arreando a todos los hermanos para que ordenemos nuestros cuartos.

Dämpfer • einen Dämpfer bekommen
bajarle los humos a alg. (col), desalentar a alg., ahogar las esperanzas de alg., enfriarle los ánimos a alg.
Le bajaron los humos cuando le demostraron que no era tan perfecto como se creía.

Dasein • sein Dasein fristen
ir tirando (col)
Voy tirando como puedo, pero cada día me cuesta más trabajo seguir para adelante.

Daumen • Däumchen drehen
estar de brazos cruzados, estar mano sobre mano, no tener nada que hacer
Allí estábamos todos de brazos cruzados esperando que el jefe nos dijera qué teníamos que hacer.

Daumen • den grünen Daumen haben
tener mucha mano con las plantas
Manolo tiene mucha mano con las plantas y su jardín parece un auténtico vergel.

Daumen • die Daumen halten (drücken)
cruzar los dedos, desearle suerte a alg.
Tuve toda la clase los dedos cruzados para que el profesor no me preguntara.

Daumen • über den Daumen peilen
aventurar una cifra, hacer un cálculo aproximado
Me pidieron que hiciera un cálculo aproximado de lo que costaría pintar todo el piso, pero yo no me atreví a aventurar ninguna cifra sin medir antes todas las habitaciones.

davon • auf und davon
poner pies en polvorosa (col), salir en estampida, salir de estampía (col), escaparse, abandonar a alg.
Todos salieron en estampida a la hora de pagar.

Decke • die Decke fällt jmd auf den Kopf
caérsele a uno la casa encima (col)
Cuando llevo varias horas estudiando se me cae la casa encima y tengo que salir a dar una vuelta.

Decke • an die Decke gehen
subirse por las paredes (col), perder los estribos, ponerse como una furia, encolerizarse, explotar de cólera
Está que se sube por las paredes desde que se ha enterado de que van a subir el alquiler del piso.

Decke • vor Freude an die Decke springen
saltar de alegría, dar saltos de alegría
Estuvo un buen rato dando saltos de alegría cuando aprobó el último examen de la carrera.

Decke • unter einer Decke stecken
estar conchabado con alg. (col), estar confabulado con alg., haberse puesto de acuerdo con alg.
Al principio de la reunión parecía que tenían opiniones contrarias, pero al final nos dimos cuenta de que habían estado conchabados desde el primer momento.

Decke • sich nach der Decke strecken
amoldarse / adaptarse a las circunstancias, ahorrar
Tuvimos que adaptarnos a las nuevas circusntancias cuando mi marido y yo nos quedamos sin trabajo.

Deckmantel • unter dem Deckmantel
bajo la apariencia de, bajo la condición
Bajo la apariencia de un amigo se ocultaba la persona más dañina que jamás he conocido en mi vida.

Denkste!
¡Imagínate! / ¡Figúrate!

Deut • keinen Deut besser als jmd sein
no ser una pizca mejor que alg.
El nuevo profesor no es ni una pizca mejor que el antiguo.

deutsch • auf gut Deutsch gesagt
hablando en cristiano (col) / en plata (col), hablando francamente, dicho sin rodeos,
Hablando francamente te diré que no me ha gustado mucho la cena en casa de Marta.

dick • gemeinsam durch dick und dünn gehen
estar a las duras y a las maduras (col), permanecer juntos contra viento y marea (col)
El jefe del partido apoyó incondicionalmente a los miembros implicados en el escándalo.

dick • dick auftragen
exagerar, recargar las tintas, darse importancia, presumir, fanfarronear
Se da siempre tanta importancia que es mejor creerse sólo la mitad de lo que cuenta.

Dickkopf • einen Dickkopf haben
tener la cabeza dura (col), ser un cabezota (col), ser un testarudo
Tiene la cabeza tan dura que a veces le damos la razón sólo para que se calle.

Dieb • Man hängt keinen Dieb, bevor man ihn hat. (prov)
No hagas las cuentas de la lechera.

diebisch • sich diebisch freuen
alegrarse infinitamente (de una ganancia inesperada / de un provecho inesperado)
Se alegró infinitamente de haber vendido su coche viejo a un precio inesperado.

Diener • einen Diener machen
hacer una reverencia, saludar respetuosamente
Los invitados hacían una reverencia al pasar al lado del rey.

Diener • Diener zweier Herren sein
servir a dos señores, tener la lealtad repartida
Nadie puede servir a dos señores a la vez.

Dienst • Dienst ist Dienst, und Schnaps ist Schnaps.
No mezcles el placer con el deber. / Una cosa es la obligación y otra la devoción.

Ding • ein krummes Ding drehen
cometer un delito (sin sangre), dar un golpe (Einbruch)
La condena que le impusieron fue demasiado dura para el pequeño delito que había cometido.

Ding

Ding • Jedes Ding hat zwei Seiten. (prov)
Todas las cosas tienen dos caras. / Cada cosa tiene su pero.

Ding • Gut Ding will Weile haben. (prov)
Las cosas de palacio van despacio. (prov) / Zamora no se ganó en una hora. (prov)

Dinge • guter Dinge sein
estar de buen humor, estar como unas castañuelas (col)
Ha estado todo el día como unas castañuelas contando chistes y gastando bromas a todos.

Dinge • über den Dingen stehen
estar por encima de todo, no afectarle nada, dejarle todo impasible, no inmutarse
A Rafael le puedes contar las historias más tristes que ni se inmuta.

Dinge • nicht mit rechten Dingen zugehen
haber gato encerrado (col), tocar resortes, no ser legal del todo
En todo el proceso para que les concedieran el contrato de las obras hubo gato encerrado.

Dingsbums
Sache, deren Name einem nicht einfällt: cosa, chisme, cacharro
Person, deren Name einem nicht einfällt: éste, ésta, fulano (col)
Pásame el chisme ese de pelar los espárragos.

Dörfer • böhmische Dörfer
sonar a chino (col)
No tengo ni idea de matemáticas y todo lo que me estás explicando me suena a chino.

Dorn • ein Dorn im Auge sein
Anblick: no poder ver algo / a alg. ni en pintura (col)
Ärgernis: tener clavada una espinita (col)
Mercedes no puede ver a su exmarido ni en pintura.

Draht • auf Draht sein
wachsam: estar alerta, mantenerse despierto, estar al tanto
Hay que estar al tanto y no dejar que nos vuelvan a engañar.
wissensmäßig: conocer a fondo su oficio, estar al día en algo, estar al tanto
Jacinto está al tanto de todas las leyes de la UE.

Draht • einen Draht zu jmd haben
llevarse bien con alg., tener enchufe (col), tener padrinos (col), tener contacto directo con alg.
Tengo enchufe en el Ministerio de Educación porque mi cuñada trabaja allí.

Drahtzieher • der Drahtzieher von etwas sein
ser la persona que mueve los hilos, ser el cerebro de la operación, ser el instigador de algo
El que movió los hilos de toda la maniobra no fue Francisco, sino su padre.

Draufgänger • ein Draufgänger sein
ser un tipo de rompe y rasga (col), ser un tío con agallas (col), ser un hombre emprendedor, bei Frauen: ser un donjuán
Es un tío con agallas y no se achica ante los problemas.

Dreck • Dreck am Stecken haben
tener un secreto inconfesable, tener algo que ocultar
Casi todos tenemos un secreto inconfesable y por eso es mejor no ir por ahí presumiendo de santo.

Dreck • sich einen Dreck um etwas scheren
importar un pito (col), importar un pepino (col), importar un rábano (col), importar un cuerno (col), importar un carajo (vulg)
A su mujer le importa un pito si él se siente solo o no.

Dreck • jmd wie den letzten Dreck behandeln
tratar a alg. como una basura (col), tratar a alg. como una mierda / como una caca (vulg), tratar a alg. a la patada / con la punta del zapato (col)
Esta empresa trata a sus trabajadores a la patada y todos están deseando encontrar otro trabajo para poderse ir.

Dreck • sich um jeden Dreck kümmern
ocuparse hasta de los más mínimos detalles, encargarse de todo
Yo me tengo que encargar siempre de todo mientras los demás se dedican a rascarse la barriga.

Dreck • jmd / etwas in den Dreck ziehen
ensuciar el nombre de alg., arruinar la reputación de alg. / algo
Con su artículo en el periódico ha arruinado la reputación de mi restaurante.

Dreh

Dreh • den Dreh raushaben
dar con el quid de algo, lograr entender (como funciona) algo
Tuve que encender y apagar varias veces la máquina hasta que di con el quid de su funcionamiento.

drehen • Daran hat jemand gedreht.
mover resortes, falsificar, amañar
¡Aquí ha falsificado alguien algo!

drehen • Worum dreht es sich?
¿De qué se trata?

drei • aussehen, als ob man nicht bis drei zählen kann
parecer una mosquita muerta (col), parecer que no ha roto un plato en su vida. (col)
Parecía una mosquita muerta y en poco tiempo se hizo el amo de la empresa.

Dreikäsehoch
retaco (col), renacuajo (col), enano, no levantar un palmo del suelo (col)
Ese retaco se cree que puede conquistar a todas con su sonrisita seductora.

dreizehn • Nun schlägt's dreizehn!
¡Es el colmo!

Drückeberger
faul: holgazán, gandul, vago, flojo (Lam), perro (col)
Estoy harta de estar rodeada de vagos que esperan que yo lo haga todo por ellos.
feig: gallina (col), cobarde
Es un gallina que nunca defiende a sus amigos cuando lo necesitan.
beim zahlen: gorrón (col)
Es un gorrón, siempre deja que los otros paguen por él.

Drücker • auf den letzten Drücker
en el último minuto, a última hora
Lo hace todo a última hora y por eso siempre se le olvida algo.

drum • mit allem Drum und Dran
por todo lo alto, con todos los detalles
Celebraron la boda por todo lo alto, no faltó el más mínimo detalle.

drum • drum herum kommen
zafarse de algo, librarse de algo
No sé como lo consigue, pero siempre se zafa de todas las obligaciones.

drunter • drunter und drüber gehen
reinar la confusión, estar todo revuelto, estar todo manga por hombro (col)
En la fiesta del colegio reinaba la confusión: cada uno cantaba donde quería y hacía lo que le venía en gana.

dumm • jmd dummkommen
fastidiar a alg., chinchar a alg. (col), importunar a alg., molestar a alg., faltar al respeto a alg.
Deja de molestarme a cada momento pues ya estoy harta de tus preguntitas con doble sentido.

dumm • sich nicht für dumm verkaufen lassen
no dejar que lo tomen a uno por tonto (col), no dejar que le tomen el pelo a uno (col)
En la próxima reunión no voy a dejar que me tomen otra vez por tonto y me adjudiquen las tareas que nadie quiere hacer.

dunkel • im Dunkeln tappen
dar palos de ciego
Si hubiéramos estudiado el caso mejor habríamos evitado dar tantos palos de ciego.

dünn • sich dünn(e)machen
largarse (col), pirárselas (col), poner pies en polvorosa (col), esfumarse (col), abrirse (col), desaparecer
Me las piré antes de que llegara mi madre.

Dunst • keinen blassen Dunst haben
no tener ni la más mínima / remota / menor idea, estar pez en algo (col), no saber ni jota de algo (col), no tener ni puta idea de algo (vulg)
No tengo ni la más remota idea de cómo ha podido suceder una cosa así.

durch • durch und durch (völlig / total)
completamente, totalmente, cien por cien, acérrimo, consumado, redomado, hasta los tuétanos (col), por los cuatro costados, de tomo y lomo (col), de cabo a rabo (col), a fondo, a carta cabal
Luis es andaluz por los cuatro costados, un bético acérrimo y un juerguista de tomo y lomo que se conoce de cabo a rabo todos los bares de Sevilla.

durch • etwas geht einem durch und durch
partir algo el alma a alg., estremecer
Me partió el alma oír lo que él pensaba de mí.

durchbeißen • sich durchbeißen (im Leben)
abrirse camino (en la vida), luchar (en la vida), aguantar hasta el final
Se supo abrir camino en la vida a pesar de que los comienzos no fueran fáciles.

durchbringen • (sein Geld) durchbringen
despilfarrar, tirar (el dinero) (col)
Ha despilfarrado toda la herencia en menos de un año.

durchfüttern • sich von jdm durchfüttern lassen
comer la sopa boba (col), vivir de gorra (col), vivir a costa / a expensas de alg.
Federico ya ha cumplido los 40 años, pero todavía sigue viviendo a expensas de sus padres.

durchkämmen • etwas durchkämmen
peinar / registrar una zona
La policía peinó todo el barrio, pero no consiguió dar con los terroristas.

durchmachen • viel durchmachen müssen
sufrir mucho, pasar mucho, pasar las de Caín (col), pasarlas canutas / moradas (col)
Están pasando las de Caín con su hijo menor y sus problemas con las drogas.

Durchmarsch • den Durchmarsch haben / kriegen
tener diarrea, tener la barriga suelta (col), irse de vareta (col), tener cagalera (vulg), cagarse por la(s) pata(s) abajo (vulg)
El pobre Paquito no ha podido ir hoy al partido de fútbol porque tiene la barriga suelta.

durchsehen • nicht durchsehen
<u>nicht alles im Griff haben:</u> no tener todo bajo control, no controlarlo todo
El nuevo profesor todavía no controla quién trabaja de verdad y quién no.
<u>nicht verstehen:</u> no entender
No acabo de entender por qué ha actuado así.

durchstehen • etwas durchstehen müssen
tener que pasar por algo, tener que sufrir algo, tener que afrontar algo
Últimamente ha tenido que afrontar la muerte de su hermano y la de una de sus mejores amigas.

Dusche • wie eine kalte Dusche
como un jarro de agua fría (col), como una bofetada
La noticia de que su novia se había enamorado de su mejor amigo fue para él como un jarro de agua fría.

Ecke • jmd um die Ecke bringen
cargarse a alg. (col), quitar de en medio a alg. (col), cepillarse a alg. (col), liquidar a alg. (col)
En el último atentado se han cargado a dos de los dirigentes sindicales más combativos.

Ecken • an allen Ecken und Enden
en todas partes, de todas partes, por todos lados
Por todos lados surgen nuevos problemas.

Effeff • etwas aus dem Effeff können
saber al dedillo (col), saber hacer algo muy bien y sin dificultad
Me han puesto un sobresaliente en historia porque cuando me preguntó el profesor la lección, me la supe al dedillo.

Ehre • Ehre, wem Ehre gebührt. (prov)
A tal señor, tal honor. (prov) / recibir uno los reconocimientos que merece

Ehre • auf Ehre und Gewissen
dar su palabra (de honor)
Me dio su palabra de honor de que no volvería a tratarme nunca más así.

ehrlich • Ehrlich währt am längsten. (prov)
La honradez es la madre de todas las virtudes. (prov) / El que bien obra nunca llega tarde. (prov)

Ei • jmd wie ein rohes Ei behandeln
tratar a alg. con guantes (col), tratar a alg. como si se fuera a romper (col), llevar a alg. en palmitas, criar entre algodones, tratar a alg. con mucho cuidado / delicadeza
Lo trata siempre con muchísimo cuidado, como si se fuera a romper, y así nunca va a aprender a enfrentarse a la vida.

Ei • sich gleichen wie ein Ei dem anderen
parecerse como dos gotas de agua, ser el vivo retrato de alg.
Los dos hermanos se parecen como dos gotas de agua y a la vez son el vivo retrato de su padre.

Ei • Das Ei will klüger als die Henne sein.
Querer enseñar el padre nuestro al cura. / Que he sido cocinero antes que fraile.

Eier • sich um ungelegte Eier kümmern
hacer las cuentas de la lechera, preocuparse por algo que todavía está muy lejano
¡No hagas las cuentas de la lechera! Todavía no tienes trabajo y ya te estás preocupando de cómo vas a invertir el dinero cuando lo tengas.

Eifer • Blinder Eifer schadet nur. (prov)
Quien mucho abarca, poco aprieta. (prov)

Eigenlob • Eigenlob stinkt. (prov)
La alabanza propia envilece.

Eimer • im Eimer sein
kaputt: estar estropeado, estar roto, joderse (vulg)
El frigorífico se ha jodido y ahora se nos va a echar toda la comida a perder.
Plan: aguarse, ser un fracaso, joderse (vulg)
Al final el novio se puso enfermo y se aguó toda la fiesta.

ein • nicht ein noch aus wissen
no saber qué partido tomar, estar para volverse loco (pensando qué se debe hacer) (col)
No sé qué partido tomar por más que le doy vueltas y sopeso los pros y los contras de cada decisión.

Eindruck • Der erste Eindruck ist der beste. (prov)
La primera impresión es la que cuenta.

Eindruck • Eindruck schinden
darse importancia, darse muchos humos (col)
Siempre va por todos lados dándose importancia y en realidad es un pobre diablo que no tiene dónde caerse muerto.

einkratzen • sich bei jmd einkratzen
hacerle la pelota a alg. (col), ser un pelotillero (col), dar coba a alg. (col)
Siempre le está haciendo la pelota al profesor para conseguir mejores notas.

Eis • Das Eis ist gebrochen.
romper el hielo
No siempre es fácil romper el hielo cuando se reúnen mi familia y la de mi novio.

Eis • etwas auf Eis legen
aparcar un proyecto (col), dejar para más tarde
Hemos aparcado la idea de reformar la casa hasta que nos vaya mejor económicamente.

Eisen • Schmiede das Eisen, solange es heiß ist. (prov)
no hay que dejar pasar la ocasión / Al hierro caliente / candente, batir de repente. (prov) / Hay que derramar el llanto sobre el difunto. (prov)

Eisen • ein heißes Eisen
un asunto delicado, un asunto peliagudo (col)
No te metas en los problemas de pareja de Juan y Ana; es un asunto muy delicado que tienen que resolver ellos mismos.

Eisen • noch ein Eisen im Feuer haben
encender / poner una vela a Dios y otra al diablo, tener varios asuntos entre manos
No me gusta poner una vela a Dios y otra al diablo, pero esta vez no quiero arriesgar nada y me voy a entrevistar tanto con el presidente de un grupo como con su contrincante.

Eisen • jmd zum alten Eisen werfen
deshacerse de alg. como si fuera un trasto viejo
En la sociedad actual nos deshacemos de los ancianos como si fueran trastos viejos.

Eisenbahn • höchste Eisenbahn
ser hora de, tener que darse prisa
Ya es hora de que tengas un hijo si no quieres que te llamen abuela en lugar de mamá.

Elefant • sich wie ein Elefant im Porzellanladen benehmen
comportarse como un caballo / elefante en cacharrería
El marido de mi vecina se comportó como un caballo en cacharrería e hizo que todos los invitados sintieran vergüenza ajena.

Elle • alles mit der gleichen Elle messen
medir todo con / por el mismo rasero, aplicar el mismo criterio
Tenemos que aplicar el mismo criterio a la hora de corregir los exámenes.

Ende • Ende gut, alles gut. (prov)
Bueno es lo que bien acaba. (prov) / Nunca es tarde, si la dicha es buena. (prov)

Ende • Das dicke Ende kommt noch.
Esto trae todavía cola. (col) / Lo peor está todavía por llegar.

Ende • Lieber ein Ende mit Schrecken, als ein Schrecken ohne Ende. (prov)
Es mejor una vez colorada que cientos amarilla. (col)

Ende • das Ende vom Lied
Se acabó lo que se daba. (col) / No hay nada que hacer. (col) / el final inevitable
Después de discutir cientos de veces nuestro futuro nos dimos cuenta de que no había nada que hacer y que se había acabado lo que se daba.

Enge • in die Enge getrieben werden
poner a uno en un aprieto (col), poner a uno entre la espada y la pared (col), acorralar a uno (col), arrinconar a uno (col)
Marcos puso a su mujer entre la espada y la pared cuando le dijo que se decidiera de una vez por él o por su amante.

Ente • wie eine bleierne Ente schwimmen
nadar como un marinero de agua dulce, nadar muy mal
Nada tan mal que nunca consigue dar más de cinco brazadas seguidas.

Ente • eine lahme Ente sein
ser una tortuga (col) / un caracol (col), ser más lento que un desfile de cojos (col), pesarle a uno el culo (vulg)
¡Venga! ¡Date prisa! ¡Que eres más lento que un desfile de cojos!
FA: ser un patoso: ungeschickt sein

Erdboden • dem Erdboden gleichmachen
no dejar piedra sobre piedra, devastar, arrasar, asolar
El terremoto asoló la ciudad.

Erdboden • wie vom Erdboden verschwunden
desaparecer como si se lo hubiera tragado la tierra, desaparecer de la faz de la tierra
Begoña ha desaparecido como si se la hubiera tragado la tierra desde que le dijimos que no podía pertenecer a nuestro grupo de teatro.

erstunken • erstunken und erlogen
una sarta de mentiras, un montón de trolas (col), un cuento chino
Me contó un montón de trolas para justificar la falta de calidad del proyecto que me había presentado.

erwärmen • sich für etwas / jdm (nicht) erwärmen können
<u>Begeisterung, Interesse:</u> (no) poder entusiasmarse por algo, (no) despertar el interés por algo
No puede entusiasmarse por nada, a no ser que se esconda detrás algun beneficio económico.
<u>Zuneigung:</u> (no) tener / sentir simpatía por alg. (oft ohne poder, außer im Negativ:)
Siento mucha simpatía por tu hermano.
Nunca pude sentir simpatía por nuestro profesor de matemáticas.

Esel • störrisch wie ein Esel sein
ser terco como una mula (col)
Es terco como una mula y seguirá intentándolo aunque todo el mundo le diga que no tiene ninguna posibilidad de conseguirlo.

Eselsbrücke • jmd eine Eselsbrücke bauen
recurrir a alguna ayuda mnemotécnica
En el cursillo de formación nos han ofrecido algunas ayudas mnemotécnicas para retener mejor en la cabeza los puntos principales del programa.

Eselsohr • das Buch hat Eselsohren
tener muchos dobleces, tener muchas esquinas dobladas
El libro tiene muchas esquinas dobladas porque sólo lee una o dos páginas por día.

Espenlaub • zittern wie Espenlaub
temblequear, temblar como un flan (col)
Estaba temblando como un flan cuando me pidió por primera vez que fuera con él a cenar.

Eulen • Eulen nach Athen tragen
echar agua en el mar, llevar leña al monte, llevar hierro a Vizcaya, ir a vendimiar y llevar uvas de postre
¡Tú estás loco! ¡Cómo le vas a regalar un Rioja a Tomás por su cumpleaños! Regalarle una botella de vino al dueño de una bodega es como ir a vendimiar y llevar las uvas de postre.

fackeln • nicht lange fackeln
no pararse en menudencias, no perder el tiempo con, no vacilar, no andarse con chiquitas (col)
No me anduve con chiquitas y le dije claramente lo que pensaba de él y de su forma de tratar a la gente.

Faden • an einem (am seidenen) Faden hängen
estar pendiente de un hilo
Su vida pende de un hilo y en cualquier momento se puede producir el fatal desenlace.

Faden • ein roter Faden
el hilo (conductor)
Lo siento, estaba tan cansado que no pude seguir el hilo de la conversación.

Faden • keinen trockenen Faden am Leib haben
estar calado hasta los huesos (col), estar como una sopa (col), estar chorreando (col), estar empapado (col)
Me ha pillado la lluvia en medio del parque y me he puesto calado hasta los huesos.

Faden • keinen guten Faden an jmd lassen
poner a alg de vuelta y media (col) / verde (col) / vestido de limpio (col)
Todas las que decían ser sus amigas la pusieron vestida de limpio cuando se enteraron de que había dejado a su marido.

Faden • den Faden verlieren
perder el hilo
Durante la conferencia perdí el hilo de lo que estaba diciendo y no pude seguir hablando.

Fäden • alle Fäden in der Hand halten
tener todo bajo control, tener todo bien atado
Paco siempre me dice que no me preocupe, que tiene todo bajo control, pero yo creo que un día se le va a ir todo de las manos y no va a poder seguir pagando todas sus deudas.

Fäden • die Fäden ziehen (im Hintergrund)
mover (todos) los hilos, tocar resortes, mover palancas
El presidente del banco ha estado moviendo los hilos para que nombren a su yerno director de la nueva sucursal.

Fadenkreuz • ins Fadenkreuz geraten
estar / andar en boca de todos, ser criticado
El Gobierno fue muy criticado después de que anunciara el recorte de los presupuestos destinados a la sanidad.

Fahne • eine Fahne haben
oler a alcohol, apestar a alcohol
Todos los jueves se reúne con sus amigos en el bar de Claudia y apesta a alcohol cuando vuelve a casa.

Fahne • die Fahne hochhalten
no tirar la toalla (col), resistir hasta el final
Aunque nos amenacen con la policía, no tiraremos la toalla y seguiremos luchando por nuestros derechos hasta el final.

Fahne • die Fahne nach dem Wind drehen
ser un veleta (col), ser un chaquetero (col), cambiarse de chaqueta (col), arrimarse al sol que más calienta (col)
José Antonio es un chaquetero y siempre se arrima al sol que más calienta.

Fahnen • mit fliegenden Fahnen untergehen
quemar hasta el último cartucho (col), seguir luchando hasta el final
Sabía que las circunstancias le eran desfavorables y que difícilmente conseguiría el ascenso, pero quemó hasta el último carturcho antes de darse por vencido.

Fährte • auf der falschen Fährte sein
tomar el rábano por las hojas (col), interpretar algo erróneamente
Yo ya no sé cómo hablar con mi jefe; diga lo que diga siempre toma el rábano por las hojas y se siente ofendido.

Fahrwasser • im Fahrwasser von jmd plätschern
ir por el camino allanado por otro
Nuestras predecesoras nos allanaron el camino y ahora nosotras sólo tenemos que disfrutar de lo que ellas consiguieron.

fallen • jmd fallen lassen
abandonar a alg. (como a un perro sarnoso) (col), desamparar a alg., hacerle el vacío a alg.
Todos me abandonaron como a un perro sarnoso cuando se enteraron de que había perdido las elecciones.

Fassung • jmd aus der Fassung bringen
desconcertar, dejar desconcertado / perplejo, confundir
Su cambio de actitud de la noche a la mañana me dejó desconcertada.

Fass • ein Fass ohne Boden
un agujero / pozo sin fondo
Esta empresa es un pozo sin fondo que nos va a llevar a la ruina.

Faulheit • vor Faulheit stinken
ser muy perezoso / vago / flojo (Lam), ser un holgazán, no dar / pegar ni golpe (col), ser más perro que el «dao» (col)
Gabriela siempre está dando órdenes a los demás, pero ella misma no da ni golpe.

Faust • auf eigene Faust
por propia iniciativa, por su (propia) cuenta, sin ayuda de nadie, bajo su propia responsabilidad
Los padres organizaron la fiesta de fin de curso por su propia cuenta, sin la ayuda de los profesores.

Faust • mit der Faust auf den Tisch hauen
adoptar una actitud firme, hablar con autoridad, hacer valer su autoridad, decir quién manda aquí (col)
Ya va siendo hora de que hagas valer tu autoridad y de que tus empleados se den cuenta de quién manda aquí.

Faust • wie die Faust aufs Auge passen
sentar como un tiro (col), sentar como a un santo dos pistolas (col), ser como una guitarra en un entierro (col)
Su nuevo color de pelo le sentaba como un tiro.

Faust • die Faust im Nacken spüren
tener a alg. sobre los talones (col), tener a alg. siempre encima (col)
Tengo a los acreedores sobre los talones.

Fäustchen • sich ins Fäustchen lachen
reírse por lo bajini(s) (col) / por lo bajo (col), reírse con disimulo (y malicia)
Todos nos estábamos riendo por lo bajini al ver que «el gran profesor de matemáticas» se había equivocado al sumar dos cantidades.

faustdick • es faustdick hinter den Ohren haben
ser / parecer una mosquita muerta (col), traérselas (col), ser un despabilado, ser un vivo, no tener un pelo de tonto (col), ser muy largo (col)
Parece una mosquita muerta, pero en realidad se las trae y siempre consigue que los demás hagan lo que ella quiere.

Faxen • Mach keine Faxen!
¡Déjate de bromas! / ¡Déjate de cachondeo! (col)

Federn • Federn lassen müssen
sufrir las consecuencias de algo negativo
Gesundheit: dar un bajón (col)
Pepe ha dado un bajón después de la muerte repentina de su mujer.

Federn • sich mit fremden Federn schmücken
apuntarse triungos / tantos (ojenos), apropiarse de éxitos ajenos, apropiarse de ideas de otros
Siempre se apropia de las ideas de otros y las presenta como si fueran de su propia cosecha.

Feld • das Feld räumen
ceder su puesto a alg., retirarse de la circulación (col), abandonar el campo (col), dejar vía libre
El antiguo presidente ha cedido su puesto a las nuevas generaciones.

Feld • etwas ins Feld führen
aducir, alegar
Ante tal acusación alegaron que ellos no habían tenido nada que ver con la evasión de impuestos.

Feld • gegen jmd / etwas zu Felde ziehen
iniciar una campaña contra, arremeter contra, atacar a, asestar un golpe a, combatir, luchar contra, emprender una cruzada contra, embarcarse en una campaña contra
Mi asociación se ha embarcado en una campaña en contra de la discriminación de género.

Fell • jmd juckt das Fell
buscársela (col), meterse en problemas, buscarse problemas
Se la estaba buscando al decirle al profesor que no hacía los deberes porque no le daba la gana.

Fell • ein dickes Fell haben
ser bastante insensible, poderlo aguantar todo
Ha pasado tanto en la vida que ahora se ha vuelto bastante insensible y todos los problemas que le cuentas le resbalan.

Fell • jmd das Fell über die Ohren ziehen
vender gato por liebre (col), desollar a uno vivo (col), engañar a alg
¡Me han vendido gato por liebre! ¡Estos tomates están podridos!

Felle • all seine Felle davonschwimmen sehen
desvanecerse / esfumarse todas sus esperanzas
Todas sus esperanzas se esfumaron cuando la vio abrazada a otro hombre.

Fels • wie ein Fels in der Brandung
firme como una roca, inquebrantable
Se mantuvo inquebrantable ante todas las vicisitudes.

festnageln • jmd auf etwas festnageln
<u>jmd an ein Versprechen, usw erinnern:</u> hacer a uno que cumpla algo
Le hemos hecho que cumpla con lo que nos prometió la semana pasada.
<u>konkret werden:</u> comprometer a alg. a hacer algo, obligar a alg. a que concrete algo
Lleva ya seis meses diciendo que quiere hacer cambios y todavía no ha hecho nada, así que en la próxima reunión hay que obligarle a que concrete exactamente sus proyectos.

Festtagslaune • in Festtagslaune sein
estar más contento que un niño con zapatos nuevos (col) / que unas Pascuas (col)
Cuando le comunicaron que había ganado las oposiciones se puso más contento que un niño con zapatos nuevos.

Fett • Da hast du dein Fett weg!
¡Has recibido tu merecido! / ¡Has recibido lo que te merecías! / ¡Bien merecido lo tienes!

Fettnäpfchen • ins Fettnäpfchen treten
meter la pata (col), tirarse una plancha (col)
Metí la pata hasta el fondo cuando le pregunté por su mujer sin acordarme de que ya hacía un tiempo que estaban divorciados.

Fetzen • dass die Fetzen fliegen
que echa(n) chispas (col)
La situación entre Alicia y Eduardo está que echa chispas, así que mejor será que los dejemos solos.

Feuer • für jmd durchs Feuer gehen
hacer todo por alg., ser capaz de cualquier cosa por alg.
Tú ya sabes que te quiero y que haría todo por ti.

Feuer • mit dem Feuer spielen
jugar con fuego
Hemos estado jugando con fuego y ahora tenemos que sufrir las consecuencias.

Feuer • Feuer und Flamme sein
arder de entusiasmo, entusiasmarse
Estaba tan entusiasmada con su nuevo novio que dejó de llamar a sus amigos de toda la vida.

Feuerwehr • fahren wie die Feuerwehr
ir como una bala / las balas (col), ir embalado (col), ir a toda leche (col) / a toda pastilla (col) / como alma que lleva el diablo (col), conducir como un condenado (col), ir a toda hostia (vulg)
Iba embalado por el centro de la ciudad y estuvo a punto de atropellar a un niño.

Finger • es juckt in den Fingern
ander en deseos de hacer algo, morirse de ganas por hacer algo, rabiar por hacer algo, estar deseando hacer algo
Estaba muriéndose de ganas por quedarse con la casa de sus padres y no descansó hasta que lo consiguió.

Finger • etwas an allen fünf Fingern abzählen können
estar tan claro como el agua, ser de cajón (col), ser evidente, ser lógico, no hacer falta decir nada
Es de cajón que si no estudiáis no aprobaréis.
FA: poder contar algo con los dedos de una mano: an einer Hand abzählen können

Finger • wenn man jmd den kleinen Finger gibt, dann nimmt er die ganze Hand
Si le das la mano, te coge (todo) el brazo.

Finger • keinen Finger krumm machen
no mover un dedo (col), no dar / pegar golpe (col)
Él no mueve ni un dedo por los demás, pero espera que los otros hagan todo por él.

Finger • lange Finger machen
tener los dedos muy largos (fig), birlar cosas (col)
La vecina del quinto tiene los dedos muy largos y le han prohibido entrar en la tienda de la esquina.

Finger • sich alle Finger nach etwas lecken
chuparse los dedos (de gusto) (col), relamerse (de gusto) (col)
¡Cómo se relamería de gusto si pudiera ver lo mal que me va!

Finger • sich die Finger an etwas verbrennen
cogerse / pillarse los dedos (col)
Se pilló los dedos porque se comprometió a algo para lo que no estaba capacitado.

Finger • sich nicht die Finger schmutzig machen
die eigene unmoralische Handlung nicht selbst tun: no hacer uno mismo el trabajo sucio (col)
Él mismo nunca hace el trabajo sucio y por eso tiene esa fama de intachable hombre de negocios.
bestimmte primitive, niedrige Arbeit vermeiden: no ensuciarse las manos (col)
Parece que ha nacido para rey y nunca se digna a ensuciarse las manos ayudándonos a recoger la mesa.

Finger • jmd um den kleinen Finger wickeln
meterse a alg en el bolsillo (col)
Lucía sólo tiene que mirar a su padre con su carita de buena para metérselo en el bolsillo.

Finger • sich etwas aus den Fingern saugen
sacarse algo de la manga (col), inventarse algo
No tuvimos más remedio que improvisar y sacarnos de la manga una excusa que no convenció a nadie.

Fisch • stumm wie ein Fisch
más callado que en misa (col), no decir ni mu (col)
Se pasó toda la tarde sin decir ni mu hasta que por fin llegó Yolanda y lo animó un poco.

Fisch • gesund wie ein Fisch im Wasser
estar sano como una manzana
«¿Qué te ha dicho el médico?» – «Que estoy sana como una manzana».

Fisch • weder Fisch noch Fleisch
ni carne ni pescado
Este proyecto es difícil de clasificar, no es ni carne ni pescado.

Fische • kleine Fische
<u>Sachen:</u> una menudencia, una insignificancia, pecata minuta
Para una persona que tiene tanto dinero gastarse 15.000 euros en unas vacaciones es una insignificancia.
<u>Menschen:</u> ciudadanos de a pie (col)
Aquí todos somos ciudadanos de a pie y no tenemos ningún poder para cambiar la situación.

Fittiche • jmd unter seine Fittiche nehmen
tomar a uno bajo su protección, proteger a alg., amparar a alg.
El catedrático lo ha tomado bajo su protección y supongo que tendrá muchas posibilidades de quedarse trabajando en la universidad.

fix • fix und fertig sein
estar hecho polvo (col), estar para el arrastre (col), estar muerto (col), estar rendido (col), estar destrozado (col)
Después de trabajar durante cuatro horas en el jardín estaba totalmente destrozado.

Flagge • unter falscher Flagge segeln
hacer algo bajo un nombre supuesto / fingido, ser una farsa, encubrir sus verdaderas intenciones
Se presentó al concurso bajo un nombre supuesto y nadie sabía que en realidad se trataba de uno de los escritores más conocidos del país.

Flamme • eine (alte) Flamme von jmd sein
ser un viejo amor de alg.
Aunque sea un viejo amor mío, no le voy a consentir que esté siempre pidiéndome dinero y nunca me lo devuelva.

Flappe • eine Flappe ziehen
poner mala cara, torcer el morro (col), torcer el hocico (col)
Mi marido siempre pone mala cara cuando invito a alg. a cenar.

Flaum • noch Flaum hinter den Ohren haben
ser un pipiolo (col), faltarle todavía muchas horas de rodaje / de vuelo (col), estar verde (col),
Le faltan todavía muchas horas de rodaje para poderse hacer cargo del negocio de sus padres.

Flausen • jmd die Flausen austreiben
quitarle a alg. los pájaros de la cabeza (col), quitarle a alg. las tonterías de la cabeza (col)
El trabajo y la necesidad te quitarán esas tonterías de la cabeza.

Fleisch • sein eigen Fleisch und Blut
de su propia sangre, sangre de su sangre
Eres sangre de mi sangre y nunca dejaré de ayudarte cuando me necesites.

Fleisch • in Fleisch und Blut übergehen
convertirse en algo natural / normal para alg.
Levantarme temprano se ha convertido en algo normal para mí.

Fleisch • sich ins eigene Fleisch schneiden
tirar uno piedras contra su propio tejado, obrar contra los intereses de uno mismo
Al hablar mal de Marisa sólo está tirando piedras contra su propio tejado, pues todo el mundo sabe que Marisa es una bellísima persona.

Fleiß • Ohne Fleiß kein Preis. (prov)
La letra con sangre entra. (prov) / Quien algo quiere algo le cuesta. (prov)

Fliege • keiner Fliege etwas zuleide tun können
ser incapaz de matar a una mosca (col), no ser capaz de hacer daño a nadie
Parece que se va a comer el mundo, pero en realidad es incapaz de matar ni a una mosca.

Fliege • jmd stört die Fliege an der Wand
ser un tiquismiquis (col), ser muy sensible, molestarse por nada
Es tan sensible que el más mínimo ruido no la deja dormir.

Fliegen • zwei Fliegen mit einer Klappe schlagen
matar dos pájaros de un tiro (col)
En el último viaje a Granada maté dos pájaros de un tiro: vendí por fin la casa de mis padres y vi a todos mis amigos.

Flinte • nicht die Flinte ins Korn werfen
no tirar la toalla (col), no desanimarse, no desalentarse
Ella nunca tiró la toalla y luchó contra su enfermedad hasta el último instante.

Floh • jmd einen Floh ins Ohr setzen
meterle una idea a alg. en la cabeza
No me gusta que mi hija salga con ese muchacho porque le está metiendo demasiadas ideas absurdas en la cabeza.

Flunder • platt wie 'ne Flunder sein
Gegenstand: totalmente llano / plano, totalmente aplastado
La bicicleta quedó totalmente aplastada después del accidente.
Frau / Mädchen: estar plana (col), estar (plana) como una tabla (col)
Siempre se pone camisas anchas para que nadie se de cuenta de que está totalmente plana.

Folter • jmd auf die Folter spannen
tener a alg. en / sobre ascuas (col), dejar a uno en la incertidumbre
Ramón me tiene desde hace tiempo sobre ascuas, pero no quiere contarme qué es lo que le pasa.

Frage • Kommt nicht in Frage!
¡Ni lo pienses! / ¡Imposible!

fragen • Wer viel fragt ... (kriegt viele Antworten)
A veces es mejor no preguntar tanto.

französisch • sich auf Französisch empfehlen
despedirse a la francesa
Se despidieron a la francesa sin decir adiós ni dar las gracias por la ayuda que les habíamos prestado.

Fressen • ein gefundenes Fressen
un bocado jugoso, una ocasión de oro para atacar a alg.
El pillar al ministro con su amante ha sido un bocado muy jugoso para la prensa.

Freund • jedermanns Freund sein
ser amigo de todos y de ninguno / de nadie
Él me brindó su amistad, pero después me di cuenta de que hacía lo mismo con todo el mundo y que en realidad era amigo de todos y de nadie.

Freundschaft • jmd die Freundschaft kündigen
cortar las relaciones con alg., romper la amistad con alg.
Eran amigos del alma y de pronto rompieron la mistad por culpa de una mujer.

Friedenspfeife • mit jmd die Friedenspfeife rauchen
hacer las paces, enterrar el hacha de guerra
Hicieron las paces después de haber estado todo un año sin hablarse.

frisch • Frisch gewagt ist halb gewonnen. (prov)
Quien no se arriesga no pasa el río. (prov) / Para conseguir algo hay que mojarse el culo. (col)

frisieren • einen Motor / Bericht frisieren
Motor: sobrealimentar, reforzar, ponerle más caballos
Reforzaron el motor del coche para que pudiera competir en la carrera.
Bericht: manipular, falsear
Manipularon el informe para tapar todas las irregularidades que se habían cometido en los últimos meses.

Front • gegen jmd / etwas Front machen
hacer frente a alg. / algo, ponerse en guardia contra alg., oponer resistencia a alg. / algo
Los trabajadores han opuesto resistencia a la nueva normativa que querían imponer.

Frosch • Sei kein Frosch!
¡No seas gallina! (col)

Frosch • einen Frosch in der Kehle (im Hals) haben
estar ronco, tener carraspera
Cada vez que tengo que hablar en público me entra carraspera.

Fuchs • wo sich Fuchs und Hase gute Nacht sagen
en el quinto pino (col), en el quinto infierno (col), donde Cristo dio las tres voces (col), donde Cristo perdió el mechero (col), donde el viento da la vuelta (col), en el quinto coño (vulg), en la quinta puñeta (vulg)
Desde que se ha mudado al quinto pino no nos vemos casi nunca.

Fuchtel • unter der Fuchtel von jmd stehen
estar bajo el dominio de alg., estar dominado por alg., ser la marioneta de alg.
Está totalmente dominado por su mujer.

Fug • mit Fug und Recht
con toda la razón del mundo
Se ha enfadado con su jefe con toda la razón del mundo.

Fundgrube • eine Fundgrube sein
un pozo de, una fuente de
Da gusto hablar con él, es un pozo de sabiduría.

Funken • keinen Funken Verstand haben
no tener luces (col), no tener ni una pizca de sentido común (col), no tener ni dos dedos de frente (col)
Jacinto no tiene ni dos dedos de frente y siempre hace las cosas sin pensárselas dos veces.

fürstlich • fürstlich speisen
comer opíparamente, comer regiamente, comer espléndidamente, comer maravillosamente
Os recomiendo ese restaurante: se come opíparamente y los precios no son abusivos.

Fuß • stehenden Fußes
en el acto, sin demora, sobre la marcha (col), al tiro (Lam)
Tuvimos que decidir sobre la marcha si queríamos volver a casa o viajar a un lugar totalmente distinto al que en principio habíamos elegido.

Fuß • mit dem falschen Fuß aufstehen / mit dem linken Fuß zuerst aufstehen
levantarse con el pie izquierdo (col)
Hoy me he levantado con el pie izquierdo y todo me sale mal.

Fuß • mit einem Fuß im Grabe stehen
tener un pie en la sepultura (col) / en la tumba (col), estar más «pallá» que «pacá» (col)
Casi tenía ya un pie en la sepultura y todavía estaba dándole órdenes a todos los que se acercaban a su cama.

Fuß • auf großem Fuße leben
llevar un gran tren de vida, vivir a lo grande (col)
No sé cómo se pueden permitir llevar ese tren de vida con el poco dinero que ganan.

Fuß • auf freiem Fuß sein
estar en libertad
Sólo hacía tres meses que estaba en libertad y ya lo han vuelto a meter en la cárcel.

Fuß • mit jmd auf gutem Fuße stehen
estar en buenos términos con alg., llevarse bien con alg.
No siempre es fácil que los hermanos se lleven bien.

Füße • auf die Füße fallen
caer de pie (fig), salir airoso de algo
Ha sufrido algunos percances en su vida, pero afortunadamente siempre ha salido airoso de ellos.

Füße • jmd die Füße küssen
estar eternamente agradecido a alg.
Te estaré eternamente agradecido por todo lo que has hecho por mí.

Füße • auf eigenen Füßen stehen
ser independiente (económicamente)
Desde los 18 años es independiente y no necesita la ayuda económica de sus padres.

Füße • etwas mit Füßen treten
pisotear algo, criticar duramente, echar algo por tierra
Con tres palabras echó por tierra mi trabajo de ocho meses.

Füße • sich die Füße vertreten
estirar las piernas, dar un paseíto
Mis abuelos salen todos los días un ratito a estirar las piernas.

Füße • jmd etwas vor die Füße werfen
tirarle a alg. algo a la cara (col)
Le tiré a la cara el dinero del alquiler y no volví a pisar más el piso.

futsch • Futsch ist futsch und hin ist hin.
A lo hecho, pecho. (prov) / Agua pasada no mueve molino. (prov)

Galgenfrist
plazo (perentorio), (última) prórroga
Le han dado la última prórroga para que pague las deudas acumuladas.

Galle • jmd läuft die Galle über
estar que echa fuego por los ojos (col), estar que echa leches (col) / que trina (col), cabrearse (col), estar negro (col)
Me cabreé tanto cuando me dijeron que me habían denegado mi petición que salí del despacho dando un portazo.

gang • gang und gäbe sein
ser lo normal, ser el procedimiento habitual, ser (la) costumbre
En Alemania es lo normal sentarse en la mesa de otras personas si todavía hay sillas libres.

Gänsehaut
carne / piel de gallina
Se me puso la piel de gallina cuando me dijeron que iban a tener un hijo.

Gänsemarsch
ir en fila india (col)
Los alumnos de primero siempre bajaban al recreo en fila india.

Gardinen • hinter schwedischen Gardinen sitzen
estar entre rejas (col), estar en chirona (col), estar a la sombra (col)
Se pasó tres años a la sombra y cuando salió le costó mucho trabajo llevar una vida normal.

Garn • jmd ins Garn gehen
caer en las garras de alg., dejarse engañar por alg.
No sé cómo caíste en las garras de esos sinvergüenzas. ¿No te diste cuenta de que te querían engañar?

Gaul • Einem geschenkten Gaul schaut man nicht ins Maul. (prov)
A caballo regalado no se le mira el diente. (prov)

geben • Geben ist seliger denn Nehmen. (prov)
Es mejor dar que recibir. (bibl)

Gebet • jmd ins Gebet nehmen
echar un sermón a alg. (col), sermonear a alg. (col), hablar muy seriamente con alg., hablar muy en serio con alg.
Mi padre me ha dicho que quiere hablar esta noche muy seriamente conmigo, así que supongo que volverá a sermonearme por culpa de las notas.

Gedeih • auf Gedeih und Verderb(en)
venga lo que viniere, tanto en la fortuna como en la adversidad, para lo bueno y para lo malo, a las duras y a las maduras (col)
Hemos decidido seguir juntos venga lo que viniere.

Geduldsfaden • jmd reißt der Geduldsfaden
perder la paciencia, acabársele a uno la paciencia
Se me ha acabado la paciencia contigo: o estudias más o no vuelves a poner un pie en la calle hasta que te den las vacaciones.

gefärbt • eine gefärbte Darstellung / ein gefärbter Bericht
parcial, bajo un punto de vista muy particular
Ha sido una exposición bastante parcial de los hechos.

gefressen • jmd / etwas gefressen haben
no poder tragar algo / a alg. (col), no soportar algo / a alg., no soportar la presencia de algo / alg.
Lo siento mucho, pero por mucho que lo intento no puedo tragar a Juan.

Gefühle • mit gemischten Gefühlen
sentimientos contradictorios / encontrados
A veces mis sentimientos hacia él son totalmente contradictorios, pero cuando lo veo soy incapaz de hablar de ello.

Gegensätze • Gegensätze ziehen sich an.
Los contrarios / extremos se atraen.

geharnischt • eine geharnischte Rede halten / einen geharnischten Brief schreiben
echar un rapapolvo a alg. (col), escribir una carta enérgica / de protesta
Le acabo de echar un rapapolvo a Carlos por jugar al fútbol en su habitación.
Tenemos que escribir de una vez por todas una carta enérgica al alcalde para que haga algo en contra de la violencia callejera.

Geld

Gehege • jmd ins Gehege kommen
meterse en terreno ajeno, invadir el campo ajeno, estorbar a alg.
Al intervenir se ha metido en mi terreno y me ha quitado autoridad.

gehenkt • wie gehenkt aussehen
parecer un vagabundo / un pordiosero, ir totalmente desaliñado (col), tener un aspecto muy poco cuidado
Con todo el dinero que tiene en el banco y parece un pordiosero.

Geier • weiß der Geier
¡Quién sabe! / ¡Dios sabe!

Geier • hol's der Geier
¡Al infierno con ello! (col) / ¡Al diablo con ello! (col)

Geige • die erste Geige spielen
llevar la voz cantante (col), llevar la batuta (col)
Ella es la que lleva la voz cantante en esta asociación.

Geist • seinen Geist aufgeben
nur Person: expirar, entregar su alma (a Dios), exhalar el último suspiro, estirar la pata (col)
El enfermo de la cama catorce expiró poco antes de ponerse el sol.
nur Sachen: estropearse, no funcionar más
Nuestro coche se ha estropeado y no creo que vuelva a funcionar nunca más.

Geist • Der Geist ist willig, doch das Fleisch ist schwach.
El espíritu es fuerte, pero la carne es débil. (bibl)

Geist • Das zeigt, wes Geistes Kind sie ist.
Esto muestra de qué tipo de persona se trata.

Geister • von allen guten Geistern verlassen sein
haber perdido el juicio, no estar en sus cabales, estar loco
¡Tú no estás en tus cabales! ¿Cómo se te ocurre insultar a un policía?

Geld • Geld allein macht nicht glücklich.
El dinero no da la felicidad. / La felicidad no se puede comprar con dinero.

Geld • Geld auf die hohe Kante legen
apartar dinero, ahorrar dinero
Desde hace años aparta todos los meses un poco de dinero para cuando su hija vaya a la universidad.

Geld • Geld regiert die Welt. → Página 19
Poderoso caballero es don dinero. (Quevedo)

Geld • nach Geld stinken
estar forrado (col), ser riquísimo, tener mucho dinero
Es riquísimo, pero es incapaz de donar un poco de dinero en favor de nuestro proyecto cultural.

Geld • sich für Geld sehen lassen können
ser algo digno de verse, ser algo que vale la pena ver
Tienes que ir al Alcázar de Sevilla; es algo digno de verse.

Geld • nicht für Geld und gute Worte
por nada del mundo
Por nada del mundo me iría a vivir a otro país.

Geld • Geld wie Heu haben
nadar en la abundancia, estar forrado (col), estar montado en el dólar (col), tener más dinero que pesa (col), estar podrido de dinero (col), tener dinero a espuertas (col), tener dinero para dar y regalar (col)
Era tan sencillo que no me di cuenta de que estaba forrado hasta que fui a su casa por primera vez.

Geld • Geld zum Fenster hinauswerfen
tirar el dinero por la ventana (col)
Pagar ese alquiler mensual es tirar el dinero por la ventana. ¿Por qué no lo invertís mejor en un piso de vuestra propiedad?

Gelegenheit • die Gelegenheit beim Schopfe packen
no dejar escapar una oportunidad / ocasión
Como lo vi de buen humor, no dejé escapar la ocasión y le pregunté si me ayudaba a cambiar los muebles de sitio.

Gelegenheit • Gelegenheit macht Diebe.
La ocasión hace al ladrón. (prov)

Geleit • das letzte Geleit geben
rendir el último homenaje
Le rendimos el último homenaje ante su tumba.

Gemüse • junges Gemüse
pollito, jovencito, pipiolo
nur männlich: imberbe
Sólo sale con jovencitas a las que les dobla la edad.

Genick • jmd das Genick brechen
acabar con alg., ser la ruina de alg., ser la perdición de alg.
Fue el alcohol lo que acabó con él.

Genie • Das Genie beherrscht das Chaos.
Ser ordenado es cosa de tontos / de personas poco inteligentes.

gerufen • wie gerufen kommen
a pedir de boca (col), a propósito, como anillo al dedo (col), como agua de mayo (col), que ni pintado (col)
Ese sillón me viene que ni pintado para echar una siestecilla.

Geschäft • Beim Geschäft hört die Freundschaft auf.
No se debe mezclar la amistad con los negocios.

Geschenke • Kleine Geschenke erhalten die Freundschaft.
Los regalos ayudan a mantener las amistades.

Geschmack • Über Geschmack lässt sich (nicht) streiten.
Sobre gustos no hay nada escrito. / El libro de los gustos está en blanco. / Sobre gustos no hay disputa.

geschniegelt • geschniegelt und gebügelt
de punta en blanco (col), muy acicalado, muy peripuesto
Se puso de punta en blanco para recibir el premio que le habían otorgado.

Gesicht • wie aus dem Gesicht geschnitten
ser el vivo retrato de alg., ser como dos gotas de agua
Es el vivo retrato de su padre cuando tenía su edad.

Gesicht • jmd steht etwas ins Gesicht geschrieben
notársele / vérsele a alg. algo en la cara / La cara es el espejo del alma. (prov)
Se le ven los remordimientos en la cara.

Gesicht • zwei Gesichter haben
tener dos caras
No te fíes de él; es un hombre de dos caras.

Gesicht • ein langes Gesicht machen
quedarse con un palmo de narices (col)
Se quedó con un palmo de narices cuando vio que le entregaban el premio a otro.
FA: poner la cara larga: ein ernstes Gesicht machen

Gesicht • sein Gesicht verlieren
perder el prestigio, perder la reputación
Si este escándalo sale a la luz pública perderé mi reputación.

Gesicht • sein Gesicht wahren
salvar las apariencias
A él lo único que le importa es salvar las apariencias y por eso sigue todavía con su mujer aunque no la quiera.

Gesicht • sein wahres Gesicht zeigen
mostrar su verdadera cara, mostrar de qué pie / pata cojea (col)
Su reacción nos ha mostrado a todos de qué pata cojea Javier.

Gespann • ein gutes Gespann sein
ser un buen equipo
Manolo y Diego se complementan muy bien, son un buen equipo.

Gespenster • Gespenster sehen
ver visiones (col)
¡Tú estás viendo visiones! ¿Cómo voy a querer yo que tu novia te deje y se venga conmigo?

Gespött • sich zum Gespött der Leute machen
convertirse en el hazmerreír de la gente
Dice tantas cosas que no cumple que se ha convertido en el hazmerreír de toda la oficina.

gestern • nicht von gestern sein
no chuparse el dedo (col)
Entonces yo le dije que no me chupaba el dedo y que no me creía el rollo que me estaba contando.

gestiefelt • gestiefelt und gespornt
compuesta y sin novio
Hubo que cancelar la inaguración de la exposición debido a la enfermedad del artista y allí me quedé yo compuesta y sin novio después de haber llevado a cabo todos los preparativos.

gestohlen • Der kann mir gestohlen bleiben!
¡Que se vaya a hacer gárgaras! (col) / ¡Que se vaya a hacer puñetas! (col) / ¡Que se vaya a tomar por culo! (vulg) / ¡Que se vaya al carajo! (vulg)

gestorben • Der ist für mich gestorben!
Para mí es como si estuviera muerto.

gesund • gesund und munter
estar en forma, estar sano física y psíquicamente, estar en un buen estado físico y psíquico
Con sus 80 años sigue estando en un excelente estado físico y psíquico.

Gevatter • Gevatter Tod
la muerte, la dama de negro
La muerte lo visitó a temprana edad y nos lo arrebató.

Gewissen • jmd / etwas auf dem Gewissen haben
tener algo sobre su conciencia, ser culpable de la muerte / la desgracia / el fracaso de alg.
Tiene sobre su conciencia la ruptura de dos matrimonios.

gewonnen • Wie gewonnen, so zerronnen. (prov)
Los dineros del sacristán, cantando se vienen y cantando se van. (prov) / Lo que ganas sin esfuerzo se va también rápidamente.

Gift • Darauf kannst du Gift nehmen.
Te apuesto lo que quieras. (col) / ¡Que me muera si no es verdad! (col) / ¡Ya lo creo! (col)

Glanz • mit Glanz und Gloria
con pompa y solemnidad, por todo lo alto (col)
La boda del Príncipe de Asturias se celebró por todo lo alto.

Glashaus • Wer im Glashaus sitzt, soll nicht mit Steinen werfen. (prov)
El que esté libre de pecados que tire la primera piedra. (bibl)

Glaube • Der Glaube kann Berge versetzen. (prov)
La fe mueve montañas. (bibl)

glauben • Wer's glaubt, wird selig.
Si te crees eso, eres tonto. (col) / ¡Vaya tontería! (col)

gleich • Gleich und Gleich gesellt sich gern. (prov)
Dios los cría y ellos se juntan. (prov)

gleich • Gleiches mit Gleichem vergelten
pagar con la misma moneda
Él nunca ha ayudado a nadie y ahora que él necesita ayuda todos le están pagando con la misma moneda.

Glocke • etwas an die große Glocke hängen
<u>ein Geheimnis bekannt machen:</u> pregonar a los cuatro vientos, divulgar
Me prometió que no se lo contaría a nadie y le faltó tiempo para pregonarlo todo a los cuatro vientos.
<u>zum Skandal aufbauschen:</u> hacer público un escándalo
«El País» hizo público el escándalo y todos tuvieron que dimitir.
FA: dar la campanada: Aufsehen erregen

Glück • auf gut Glück
al tuntún (col), a las buenas de Dios (col), sin ton ni son (col), al azar, a la suerte
Marqué las respuestas del examen al tuntún porque no había estudiado y cuál no sería mi sorpresa cuando me dijeron que había aprobado.

Glück • mehr Glück als Verstand haben
tener más fortuna que cordura, tener más suerte que letras, tener más suerte / fortuna que otra cosa (col)
Salí del percance más por fortuna que por otra cosa, y te aseguro que no vuelvo a meterme más en asuntos de ese tipo.

Glück • dem Glück ein wenig nachhelfen
intervenir, inclinar la balanza en favor de algo / alg.
No hay que dejar todo de la mano de la fortuna, si podemos inclinar la balanza en favor de Pepe, hagámoslo.

Glück • Glück im Spiel, Pech in der Liebe. (prov)
Desgraciado en el juego, afortunado en amores. (prov)

Glück • Glück im Unglück haben
tener suerte en la desgracia
Al final tuve suerte en la desgracia pues el conductor que paró para ayudarme resultó ser un antiguo compañero de estudios del que siempre había estado enamorada.

Glück • das Glück ist jmd hold
estar de suerte (col), sonreírle la fortuna a alg.
Después de sufrir una mala racha, parece que ahora está empezando a sonreírme la fortuna.

Glück • Jeder ist seines Glückes Schmied.
Cada uno tiene que labrarse su propia fortuna. (prov)

Glück • Man kann niemanden zu seinem Glück zwingen.
No se puede obligar a los demás a hacer lo que a uno le parece bien.

glücklich • Dem Glücklichen schlägt keine Stunde.
El tiempo vuela cuando uno se lo está pasando bien.

Glücksstern • unter einem Glücksstern geboren sein
haber nacido con estrella
Guillermo ha nacido con estrella y haga lo que haga todo le sale siempre bien.

Glückssträhne
una racha de suerte (col)
Las últimas semanas he tenido una racha de suerte y siempre me ha tocado algo de dinero en la bonoloto.

Gnade • Gnade vor Recht ergehen lassen
ser clemente, perdonar a alg.
El jurado fue clemente y tuvo en cuenta todas las circunstancias adversas que habían marcado su vida.

Gold

Gold • Es ist nicht alles Gold, was glänzt. (prov)
No es oro todo lo que reluce. (prov)

Gold • sich nicht mit Gold aufwiegen lassen
valer su peso en oro (col)
Elvira vale su peso en oro, pero a ella no le gusta que se lo diga.

Gold • nicht für alles Gold in der Welt
ni por todo el oro del mundo (col)
No volvería a casarme con él ni por todo el oro del mundo.

Gold • treu wie Gold sein
ser muy leal
Eres el amigo más leal que tengo y te lo agradezco en el alma.

Goldwaage • (nicht) alles auf die Goldwaage legen
(no) tomarse todo al pie de la letra
No te tomes al pie de la letra todo lo que dice María; ya sabes que últimamente no está pasando por una buena racha.

Gosse • aus der Gosse kommen
proceder / venir de los barrios bajos / de la calle
Por más que quiera disimularlo se le nota que procede de los barrios bajos.

Gott • Hilf dir selbst, so hilft dir Gott.
A Dios rogando y con el mazo dando. (prov)

Gott • Gottes Mühlen mahlen langsam, aber gerecht. (prov)
Arrieritos somos y en el camino nos veremos / encontraremos. / Más temprano o más tarde Dios siempre hace justicia.

Gott • über Gott und die Welt reden
hablar de lo divino y de lo humano (col)
Nos vemos poco, pero cuando lo hacemos nos pasamos horas hablando de lo divino y de lo humano.

Götter • das wissen die Götter
¡Sabe Dios!

Götter • ein Bild für die Götter sein
tener un aspecto muy extraño / divertido
Tenía un aspecto muy divertido con la pamela de su mujer.

Grab • sein eigenes Grab schaufeln
cavar su propia tumba (col)
Después se dio cuenta de que casarse con esa mujer había sido cavar su propia tumba.

Grab • sich im Grabe umdrehen
removerse en la tumba (col)
Don Jacinto se removería en su tumba si supiera que sus hijos han malgastado todo el dinero que les dejó.

Granit • bei jmd auf Granit beißen
dar en hueso (col), no tener ninguna oportunidad / éxito con alg.
Ya me puede estar hablando tres horas que conmigo ha dado en hueso y no conseguirá nada.

Gras • Das Gras auf der anderen Seite ist immer grüner. (prov)
Lo que los otros tienen siempre es mejor que lo mío.

Gras • ins Gras beißen
criar malvas (col), irse al otro barrio (col)
Todos nos iremos más tarde o más temprano al otro barrio.

Gras • Gras über eine Sache wachsen lassen
echar tierra a un asunto, olvidar lo ocurrido
Echemos tierra al asunto e intentemos empezar otra vez por el principio.

Gras • das Gras wachsen hören
ver cosas donde no las hay, atribuir a algo una importancia que no tiene
Esperanza es muy susceptible y siempre ve cosas donde no las hay.

grau • grau in grau
pesimista, sombrío, nada prometedor, lóbrego, lúgubre
Nos hizo un pronóstico nada prometedor del futuro de nuestra empresa.

Grausen • das kalte Grausen kriegen
tener pánico, cagarse por las patas abajo (vulg), entrarle a uno las siete cosas (col)
Me entraron las siete cosas cuando me dijeron que era yo quien tenía que defender el proyecto ante mis superiores.

Gretchenfrage • die Gretchenfrage stellen
hacer la pregunta clave, hacer la pregunta del millón (col)
No le hizo la pregunta clave hasta que no estuvo totalmente seguro de que ella también lo quería.

grob • aus dem Gröbsten heraus sein
haber salido de lo peor (col), estar a salvo
Ya hemos salido de lo peor, pero todavía tenemos que trabajar como hormiguitas si queremos salvar la empresa.

Groschen • der Groschen ist gefallen
entender algo por fin, caer en la cuenta (col)
Lo entendí por fin después de que me lo hubiera explicado tres veces.

grün • jmd nicht grün sein
guardar rencor a alg., tener inquina a alg., caerle a uno mal alg.
Mónica me cae tan mal que su sola presencia me amarga el día.

grün • jmd grün und blau schlagen
dar una paliza, propinar una tunda (col), poner a alg. como a un Cristo (col)
Los ladrones arrastraron al pobre Pablo por el suelo para quitarle la cartera y lo pusieron como a un Cristo.

Gunst • die Gunst der Stunde nutzen
aprovechar la ocasión / el momento / la oportunidad
Cuando fui al médico aproveché la ocasión para que me hiciera un chequeo completo.

Gurgel • jmd an die Gurgel gehen
echar mano al cuello a alg. (col)
Se puso a insultarme y de pronto me echó mano al cuello y por poco no me ahoga.

Gürtel • den Gürtel enger schnallen
apretarse el cinturón (col)
No hay más remedio que apretarse el cinturón si queremos llegar a finales de mes.

Gut • Unrecht Gut gedeihet nicht.
Bienes mal adquiridos a nadie han enriquecido. (prov)

gut • Es hat alles sein Gutes.
No hay mal que por bien no venga. (prov) / Todo tiene su parte positiva.

Haar

Haar • um ein Haar
por un pelo (col), por los pelos (col), estar a pique de (col), estar a punto de, faltar un pelo / el canto de un duro (col), casi, por poco
El autobús estuvo a punto de volcar.
No perdimos el tren por los pelos.

Haar • ein Haar in der Suppe finden
poner siempre peros (a todo) (col), poner siempre pegas (a todo) (col)
No hay manera de agradarla; ella siempre pone peros a todo.

Haar • jmd aufs Haar gleichen
parecerse como dos gotas de agua
Marta y María se parecen como dos gotas de agua y es dificilísimo saber quién es quién.

Haare • Haare auf den Zähnen haben
no tener pelos en la lengua (col)
Todo el mundo sabe que no tengo pelos en la lengua y que nunca me callo lo que pienso.

Haare • etwas ist an den Haaren herbeigezogen
traído por los pelos, inverosímil
Su historia era totalmente inverosímil y todos los razonamientos estaban traídos por los pelos.

Haare • sich die Haare raufen
tirarse de los pelos (col)
Me hubiera podido tirar de los pelos cuando descubrí que había cometido un fallo en el cálculo desde el principio.

Haare • jmd die Haare vom Kopf fressen
comerse a uno por los pies (col), comerse uno hasta a su madre (col)
Estos hijos míos acabarán comiéndome por los pies si siguen devorando de esa manera.

Haare • sich keine grauen Haare wachsen lassen
tener / traer a uno algo sin cuidado (col), no perder el sueño por nada, pasar de todo (col), no hacerse mala sangre por nada (col)
Si se casa o no con ella me tiene sin cuidado; ya hace mucho tiempo que lo olvidé.

Haare • jmd stehen die Haare zu Berge
ponérsele a alg. los pelos de punta (col)
Se me pusieron los pelos de punta cuando el viento cerró de golpe la puerta de mi cuarto.
Adjektiv: espeluznante: *Toda la historia fue realmente espeluznante.*

Haaresbreite • um Haaresbreite
por un pelo (col) / pelín (col), por los pelos (col), por poco, en un tris (col)
Por un pelo no perdí la vida por culpa de un conductor borracho.

haargenau
(rigurosamente) exacto, correcto
El cálculo que hizo de los gastos fue rigurosamente exacto.

Haarspalterei • Haarspalterei betreiben
buscarle (los) tres pies al gato (col), pararse en cosas nimias
Macarena nunca acepta las explicaciones que le doy y se empeña en buscarle siempre tres pies al gato.

Hab • Hab und Gut
toda la fortuna, todos los bienes
Donó todos sus bienes a una asociación de lucha contra el cáncer.

Habenichts • ein Habenichts sein
Geld: ser un pobretón, no tener un céntimo (col), estar sin blanca (col), no tener un duro (col), no tener donde caerse muerto (col), estar a dos velas (col)
Aunque quisiera no te podría ayudar porque estoy sin blanca.

Hafer • Ihn sticht der Hafer.
Se siente espoleado para emprender algo (arriesgado). / Siente un gran impulso para emprender algo (arriesgado).

Hahn • Hahn im Korbe sein
ser el único hombre, estar rodeado de mujeres
Tiene cinco hijas y su suegra también vive con ellos, así que siempre está rodeado de mujeres.

Hahn • Danach kräht kein Hahn mehr!
Nadie hará caso de ello. / A nadie le importará nada. / A nadie le importará un carajo. (vulg)
Cuando hayan conseguido el encargo a nadie le importará nada que haya sido yo el que ha llevado a cabo todas las negociaciones.

Hahnenschrei • beim ersten Hahnenschrei aufstehen
levantarse con el primer canto del gallo, levantarse al amanecer, madrugar, levantarse al romper el alba, levantarse con las claritas del día
Siempre se levantaba con el primer canto del gallo para ir a correr por el bosque antes de comenzar a trabajar.

Haken • Das ist der Haken!
¡Ahí está el problema! / ¡Ése es el problema!

Hals • etwas in den falschen Hals bekommen
tomar el rábano por las hojas (col), interpretar mal, tomárselo a mal (col)
Fabiola no entiende las bromas y siempre toma el rábano por las hojas.

Hals • jmd / etwas auf dem / am Hals haben
cargar con alg. / algo, tener la responsabilidad de alg. / algo
Mi cuñada me dejó a su hijo antes de irse de viaje y yo tuve que cargar con él toda una semana.

Hals • zum Hals heraushängen
estar hasta la coronilla de (col), estar cansado de, estar harto de (col), estar hasta los cojones / los huevos / el coño de (vulg)
Estoy hasta la coronilla de mi trabajo y lo voy a dejar en el momento que encuentre uno nuevo.

Hals • den Hals nicht voll kriegen
ser insaciable, no tener nunca bastante / suficiente
Diego es insaciable y siempre quiere conseguir más y más.

Hals • Hals über Kopf
verlieben: estar enamorado hasta el tuétano de alg. (col)
Está enamorada hasta el tuétano de su jefe.
eilig: de prisa y corriendo, precipitadamente, atropelladamente
Entró de prisa y corriendo en la clase y se le cayeron todos los exámenes.

Hals • jmd Hals- und Beinbruch wünschen
desear suerte a alg.
Los actores se desearon suerte antes de salir al escenario.

Halsabschneider • ein Halsabschneider sein
ser un estafador, ser un usurero, ser un ladrón
No compres en esa tienda; el dueño es un ladrón.

Hammer • unter den Hammer kommen
ser subastado, ser vendido en subasta
Mis primos tuvieron que subastar parte de los bienes de su padre para poder pagar los impuestos por herencia.

Hand • Hand anlegen
echar una mano, ayudar
Siempre me gusta echar una mano en la cocina cuando tenemos muchos invitados a comer.

Hand • Hand an sich legen
quitarse la vida, autolesionarse
Se quitó la vida porque no pudo superar la muerte de su marido.

Hand • auf der Hand liegen
ser evidente, ser obvio
Es evidente que tu hermana no tiene el más mínimo interés por mí.

Hand • die Hand auf der Tasche haben
ser muy agarrado (col), ser un tacaño, ser de la virgen del puño (col)
Matías es muy agarrado y nunca hasta ahora se ha dignado a pagarnos un cafelito.

Hand • Hand aufs Herz!
¡Con el corazón en la mano! / ¡Reconócelo! / ¡Sé sincero!

Hand • etwas unter der Hand bekommen
conseguir algo bajo mano / cuerda, conseguir algo en el mercado negro, conseguir algo ilegalmente / fraudulentamente
Cada vez es más difícil conseguir cigarros en el mercado negro.

Hand • jmd aus der Hand fressen
hacer todo lo que alg. quiere / dice, obedecer ciegamente a alg.
Con el voto de Fernando también puedes contar; tú ya sabes que él siempre hace lo que yo le digo.

Hand • jmd zur Hand gehen
echar una mano, ayudar a alg.
¿Me puedes echar una mano con los niños mientras yo preparo la cena?

Hand • freie Hand haben
tener carta blanca, tener mano(s) libre(s)
Tiene carta blanca para elegir a qué colaborador se quiere llevar con él en el próximo viaje de negocios.

Hand • etwas aus erster Hand haben
tener una información de primera mano, saber algo de fuente fidedigna, saber algo de buena tinta (col)
Sé de buena tinta que van a nombrar a Pedro jefe del departamento de ventas.

Hand • jmd in der Hand haben
tener a alg. en sus manos, tener a alg. a su merced
El profesor ha descubierto que hemos copiado en el examen y ahora nos tiene a su merced.

Hand • seine Hand im Spiel haben
meter la mano en un asunto (col), estar metido en un asunto (col), intervenir en un asunto
Juan Luis siempre quiere meter la mano en todo y decirnos qué tenemos que hacer.

Hand • für jmd / etwas die Hand ins Feuer legen
poner la(s) mano(s) en el fuego por algo / por alg.
Yo pondría la mano en el fuego por María porque sé que ella es incapaz de hacer una cosa así.

Hand • weder Hand noch Fuß haben
no tener ni pies ni cabeza (col), no tener sentido
No tiene ni pies ni cabeza que te vayas el fin de semana a la playa sabiendo que el lunes tienes un examen de matemáticas.

Hand • die rechte Hand von jmd sein
ser la mano derecha de alg., ser la persona de confianza de alg.
Sara es la mano derecha del jefe y sin ella él estaría perdido.

Hand • von langer Hand vorbereiten
proyectado / preparado / planeado con mucha antelación
Tenemos que planear todo con mucha antelación para que no nos pille el toro.

Hand • Eine Hand wäscht die andere. (prov)
Hoy por ti, mañana por mí. (prov)

Hände • zwei linke Hände haben
ser poco mañoso, ser torpe (con las manos)
No le digas a Eduardo que te arregle la radio; es tan poco mañoso que te la estropeará más.

Hände • die Hände in den Schoß legen
estar con los brazos cruzados / de brazos cruzados, estar mano sobre mano
¡Qué vergüenza! Todos los hijos estaban allí con los brazos cruzados mientras la madre recogía todos los platos.

Hände • (nicht) mit leeren Händen kommen
(no) ir / venir / llegar con las manos vacías
Cuando me invitan a comer a casa de alg. no me gusta ir con las manos vacías.

Hände • jmd in die Hände spielen
hacerle el juego a alg. (col)
Con tu actitud les estás haciendo el juego a tus enemigos.

Hände • in die Hände spucken
ponerse manos a la obra, empezar a trabajar con entusiasmo
Y sin perder más tiempo todos nos pusimos manos a la obra y terminamos el trabajo en pocas horas.

Hände • alle Hände voll zu tun haben
estar muy ocupado, tener muchas cosas que hacer, no dar abasto (col)
Las últimas semanas he estado muy ocupada y no he podido llamar a nadie por teléfono.

händeringend • händeringend nach etwas / jmd suchen
buscar algo / a alg. desesperadamente
Mi sobrina se perdió y la buscamos desesperadamente durante una hora.

Handgelenk • etwas aus dem Handgelenk schütteln
saberse algo al dedillo (col), soltar algo de carretilla (col)
Cuando el profesor le preguntó él soltó de carretilla los nombres de todas las capitales africanas.

Handschlag • keinen Handschlag tun
no dar / pegar golpe (col), no dar un polo al agua (col), no mover un dedo (col)
El portero de mi casa nunca da golpe y tiene la escalera siempre sucia.

Handtuch • das Handtuch werfen
tirar la toalla (col)
Al final tiró la toalla porque no pudo aguantar más el cerco que le estaban haciendo todos los empleados.

Handumdrehen • im Handumdrehen
en un dos por tres (col), en un santiamén (col), en un abrir y cerrar de ojos (col), con la rapidez del rayo (col), en un instante, en un periquete (col)
Nos cambiamos la ropa en un santiamén y nos fuimos a la playa.

Handwerk • jmd das Handwerk legen
poner fin a / acabar con las actividades ilegales de alg., detener a alg.
El nuevo jefe de policía acabó con todas las actividades ilegales de la familia Jiménez.

Handwerk • jmd ins Handwerk pfuschen
estropear / aguar los planes de alg., crear dificultades a alg.
Marisa siempre nos agua los planes con sus cambios de opinión de última hora.

Hänschen • Was Hänschen nicht lernt, lernt Hans nimmermehr. (prov)
Lo que se aprende de niño no se olvida de mayor. / Lo que no se aprende en la juventud no se aprende más tarde.

Hansdampf • Hansdampf in allen Gassen sein
negativ: ser aprendiz de todo y maestro de nada
Yo prefiero hacer una o dos cosas muy bien a ser un aprendiz de todo y maestro de nada.
positiv: saber un poco de todo
Julio es una auténtica joya del hogar pues sabe un poco de todo y nunca necesito llamar a ningún técnico.

Harnisch • in Harnisch geraten
exasperarse, indignarse, ponerse furioso, encolerizarse
Mi padre se puso tan furioso cuando vio lo que le había pasado a su coche que yo tuve miedo de que le diera un infarto.

hart • hart gesotten sein
estar curado de espanto(s) (col)
Los alumnos de esta clase están curados de espanto y no se inmutan cuando se les riñe.

hart • wenn es hart auf hart kommt
en el momento decisivo, llegado el momento crítico, en el momento más crítico
En el momento más crítico tuvimos que acudir a mi padre y pedirle su ayuda.

Hase • ein alter Hase sein
ser perro viejo (col)
Yo ya soy perro viejo y no dejo que me engañen así como así.

Hasenfuß • ein Hasenfuß sein
ser un gallina (col), ser un cobarde
¡Cómo cambia la gente! Arturo era un gallina cuando estaba en el colegio y ahora trabaja en la policía desactivando explosivos.

Haube • unter die Haube bringen
casar a alg.
Mis abuelos estaban deseando casar a sus cinco hijas para poder estar otra vez los dos solos.

Haubitze • voll wie eine Haubitze sein
estar borracho como una cuba (col)
Todos los sábados vuelve a casa borracho como una cuba.

hauen • Das haut nicht hin.
¡Eso no funciona! / ¡Eso no tiene ni pies ni cabeza! (col) / ¡Eso no tiene sentido!

Häufchen • wie ein Häufchen Elend
cabizbajo, abatido, afligido, triste
Se me rompió el corazón cuando vi a mi niño cabizbajo sentadito en el escalón.

Haus • ein fideles Haus sein
ser un bromista, ser un cachondo (col)
Ramón es un bromista y nunca sé cuándo está hablando en serio y cuándo no.

hausbacken • hausbacken sein
Personen: ser simple, ser llano
Es una persona muy simple que nunca ha salido de su pueblo.
Sachen, Ideen: banal, trivial
Ésas son ideas triviales y sin ninguna profundidad.

Häuschen • ganz aus dem Häuschen sein
Vor Freude: no caber en sí
No cabía en mí de alegría cuando Roberto me pidió que me casara con él.
Vor Ärger: estar fuera de sus casillas (col)
Estaba fuera de mis casillas después de haber oído las impertinencias de Juan.

haushoch • jmd haushoch überlegen sein
no llegarle los demás ni a la suela del zapato (col), llevar mucha ventaja a alg., ser claramente superior a alg.
Tú no te pongas triste por las cosas que te diga Jaime. Tú ya sabes que él no te llega ni a la suela del zapato.

häuslich • sich häuslich niederlassen
ponerse cómodo, instalarse
Cuando llega a casa se pone cómodo en el butacón y no se mueve más.

Haut • mit heiler Haut davonkommen
salvar el pellejo (col) / la piel (col), salir ileso, salir bien librado (col), escapar con vida, salir sin un rasguño (col)
Todavía no puedo creer que consiguiera escapar con vida de las llamas.

Haut • unter die Haut gehen
ser conmovedor, ser emocionante, poner (la) piel de gallina (de la emoción) (col)
Fue conmovedor ver la reconciliación de los hermanos después de haber estado veinte años sin hablarse.

Haut • nicht aus seiner Haut können
La cabra siempre tira al monte. (prov)

Haut • seine Haut retten
salvar el pellejo (col) / la piel (col)
Salvó el pellejo diciendo cómo se llamaban todos los miembros de la banda.

Haut • eine ehrliche Haut sein
ser una persona formal, ser una persona honrada, ser un alma de Dios
Él es un hombre formal y siempre cumple su palabra.

Haut • nur Haut und Knochen sein
estar en los huesos (col), estar hecho un esqueleto (col), estar esquelético (col), sólo tener huesos y pellejo (col)
Se quedó en los huesos durante el proceso de divorcio.

Haut • sich seiner Haut wehren
defender el pellejo (col), vender cara su vida, luchar, no ceder lo más mínimo
Tuvimos que defender el pellejo con uñas y dientes ante tales acusaciones.

Hebel • alle Hebel in Bewegung setzen
no dejar piedra sin remover (col), remover Roma con Santiago (col), tocar todos los resortes (col), hacer lo humanamente posible, apelar a todos los medios
Removió Roma con Santiago para conseguir que le dieran a su hijo una plaza en la escuela de aeronáutica.

Hefekloß • aufgehen wie ein Hefekloß
ponerse como una bola / como un tonel (col), engordar
Diego se ha puesto como un tonel desde que ha dejado de fumar.

Heim • Heim und Herd verlassen
abandonar su hogar, dejar su tierra
Todos los habitantes del pueblo tuvieron que abandonar sus hogares por las inundaciones.

heimlich • heimlich, still und leise
en secreto, sigilosamente, a hurtadillas, a escondidas
Tuvimos que hacer todos los preparativos de la fiesta de cumpleaños de mi marido en secreto para que fuera una gran sorpresa para él.

Heimlichkeiten • Heimlichkeiten – Schlechtigkeiten!
Cuando se oculta algo es porque no es bueno.

heiß • Es wird nichts so heiß gegessen, wie es gekocht wird. (prov)
No es tan fiero el león como lo pintan. (prov)

heiß • ganz heiß auf etwas sein
estar muy interesado en algo, tener mucho interés por algo
Estaban muy interesados por saber qué me había dicho Gloria.

Heller • jmd etwas auf Heller und Pfennig zurückzahlen
devolverle a alg. hasta el último céntimo (col)
A Carlos se le puede prestar siempre dinero porque siempre te devuelve hasta el último céntimo.

Heller • keinen roten Heller besitzen
estar sin un cuarto (col), estar sin blanca (col), no tener ni un céntimo / ni un duro / ni una perra (col)
Al final del viaje estábamos todos sin blanca y no tuvimos más remedio que pasar la noche en el coche.

Hemd • jmd das letzte Hemd ausziehen
desplumar a alg. (col), sacarle a alg. hasta el último céntimo (col), exprimir a alg. (col), desangrar a alg. (col)
Se echó un amante con afán de grandeza que la desplumó en pocos meses.

Hemd • Das letzte Hemd hat keine Taschen.
En tu último viaje no te puedes llevar ningún bien terrenal contigo.

Herd • Eigener Herd ist Goldes wert. (prov)
Es valioso lo que a uno le pertenece.

hereinfallen • auf jmd hereinfallen
caer en la trampa de alg. (col)
Me engatusó de tal manera que cuando me di cuenta ya había caído en su trampa.

hereinschneien
llegar de improviso, presentarse sin avisar
Mis padres llegaron de improviso y encontraron mi piso hecho una leonera.

Heringe • wie die Heringe
como sardinas (en lata) (col)
Todas las mañanas vamos en el autobús como sardinas en lata, pero la compañía de transportes se niega a ampliar el servicio.

Herr • Wie der Herr, so's Gescherr. (prov)
Como canta el abad, responde el sacristán. (prov) / De tal amo, tal criado. (prov)

Herren • aus aller Herren Länder
de todos los confines del mundo, de todos los rincones del mundo, de todos los países
Era enternecedor ver a niños de todos los rincones del mundo jugando y riéndose juntos.

Herz • jmd blutet das Herz
partírsele el alma / corazón a uno, dar pena
Se me parte el alma cuando te veo tan triste y con la mirada perdida.

Herz • jmd bricht das Herz
partírsele el corazón / alma a alg.
Se me partió el corazón cuando me dijo que ya no me quería.

Herz • sein Herz an etwas hängen
poner todo su corazón / empeño en algo, aficionarse a algo
Ha puesto todo su empeño en las clases de piano y practica por lo menos dos horas al día.

Herz • das Herz auf dem rechten Fleck haben
tener la cabeza en su sitio, ser sensato, tener juicio, tener buenas intenciones, ser honesto / honrado
En él puedes confiar porque es muy honesto.

Herz • das Herz auf der Zunge haben
contarlo todo, ser franco
Seguro que Susana no te oculta nada. Tú ya sabes que ella siempre lo cuenta todo.

Herz • ein Herz aus Gold haben
tener un corazón de oro, ser todo corazón, ser una buenísima persona
Antonio es todo corazón y hace cualquier cosa por los demás aunque él salga perjudicado.

Herz • sein Herz ausschütten
abrir su corazón / su pecho, explayarse
De pronto me abrió su corazón y me contó todos los problemas que tenía en su matrimonio.

Herz • ein Herz aus Stein haben
ser duro de corazón, no tener corazón
Es duro de corazón y nunca se conmueve con los sufrimientos ajenos.

Herz • etwas nicht übers Herz bringen
no tener coraje para, no atreverse a, no poder decidirse a
No tuve el coraje suficiente para decirle que no lo habían elegido a él.

Herz • sich ein Herz fassen
hacer de tripas corazón (col), cobrar ánimo, decidirse a algo
A pesar de mi miedo a volar hice de tripas corazón y me monté otra vez en un avión.

Herz • jmd ans Herz gewachsen sein
convertirse en / llegar a ser algo muy importante para uno
Estos alumnos se han convertido en algo muy importante para mí y sé que lo voy a pasar muy mal cuando se vayan del colegio.

Herz • das Herz lacht einem im Leibe
ser un regocijo para alg., regocijarse / alegrarse ante algo, ser un gustazo (col)
Ante una comida tan buena se regocija cualquier estómago.

Herz • jmd etwas ans Herz legen
confiar algo a alg., pedir encarecidamente algo a alg., recomendar algo a alg.
Me confió la elaboración del informe final y me repitió varias veces lo importante que era éste para él.

Herz • jmd / etwas auf Herz und Nieren prüfen
examinar detenidamente, poner algo / a alg. a prueba, mirar algo / a alg. con lupa
Examinamos detenidamente las cualidades de todos los candidatos y al final nos decidimos por el señor Cifuentes.

Herz • ein Herz und eine Seele
uña y carne (col)
Mi mujer y Charo se conocieron cuando tenían tres añitos y desde entonces son uña y carne.

Herzen • mit dem Herzen dabei sein
poner el corazón en algo (col)
Tienes que poner el corazón en las cosas que haces si quieres que te salgan bien.

Herzen • etwas auf dem Herzen haben
estar preocupado por algo, desear preguntar / decir algo
Gewissensbisse: oprimirle a alg. algo el corazón, querer hacer una confesión
Algo le oprime el corazón, pero no quiere contármelo.

Herzen • aus seinem Herzen keine Mördergrube machen
no morderse la lengua (col), no tener pelos en la lengua (col)
No me mordí la lengua y le dije todo lo que pensaba de su falta de seriedad en el trabajo.

Herzen • sich etwas zu Herzen nehmen
tomarse algo a pecho (col)
Se toma siempre todo muy a pecho y de cualquier tontería hace siempre un drama.

Herzenslust • nach Herzenslust
a su gusto, a su antojo (col), a sus anchas (col)
Los sábados por la noche siempre salen mis padres y nosotros podemos ver la tele a nuestras anchas.

Heulen • mit Heulen und Zähneklappern
el llanto y el crujir / rechinar de dientes (bibl)
Vosotros no estudiéis si no queréis, pero cuando suspendáis el curso y no podáis ir de vacaciones será el llanto y el crujir de dientes.

hieb • hieb- und stichfest sein
irrefutable, indiscutible
Las pruebas de su culpabilidad que ha presentado el fiscal son irrefutables.

Himmel • Das stinkt zum Himmel!
¡Esto clama al cielo!

Himmel • Ach du lieber Himmel!
¡Dios mío! / ¡Cielo santo!

Himmel • jmd den Himmel auf Erden versprechen
prometerle a alg. el oro y el moro (col)
Cuando invertí en este proyecto me prometiste el oro y el moro y hasta hoy no he visto ni el más mínimo beneficio.

Himmel • jmd in den Himmel heben
poner a alg. por las nubes
Yo siempre me moría de vergüenza cuando mi padre me ponía por las nubes delante de sus amigos.

Himmel • im siebenten Himmel sein
sentirse / estar en el séptimo cielo, sentirse / estar en la gloria (col)
A tu lado siempre me siento en el séptimo cielo.

Himmel • Um Himmels willen!
¡Por Dios! / ¡Dios mío! / ¡Bendito sea Dios! / ¡Por los clavos de Cristo! / ¡Por el amor de Dios!

Himmelfahrtskommando
misión suicida
Mi abuelo falleció poco antes de terminar la guerra en una misión suicida.

Himmelfahrtsnase
nariz respingona
Todos los miembros de su familia tienen la nariz respingona.

hin • hin- und hergerissen sein
no saber a qué carta quedarse (col), no poder decidirse
Llevo dos semanas intentándome decidir, pero todavía no sé a qué carta quedarme.

hinten • jmd hintenan stellen
postergar a alg., relegar a alg.
Lo han postergado de tal manera que por mucho que haga nunca conseguirá un ascenso.

hinten • nach hinten losgehen
salir el tiro por la culata (col)
Con todas tus artimañas pretendías perjudicarme, pero te ha salido el tiro por la culata y tú has sido el que realmente ha salido perjudicado.

hinten • jmd hinten und vorn(e) bedienen
estar al servicio de alg., servir a alg., ser el esclavo de alg.
Tú no puedes pretender que todo el mundo esté siempre a tu servicio mientras que tú no mueves ni un dedo.

hinten • es jmd hinten und vorn reinstecken
darle todo a alg., mimar a alg., tratar a alg. como a un rajá (col)
Aunque ya tiene 27 años, su madre lo mima muchísimo y sigue haciendo todo por él.

Hinterhand • etwas in der Hinterhand haben
tener (guardada) una carta en la manga (col), tener (guardado) un as en la manga, tener algo en la reserva
No te fíes de él porque siempre tiene guardada una carta en la manga y al final consigue lo que quiere.

Hintern • Ich könnte mich in den Hintern beißen!
¡Cómo pude ser tan tonto! (col) / ¡Cómo pude hacer el gilipollas de esa forma! (vulg)

Hintertreffen • ins Hintertreffen geraten
ser relegado a segundo plano, perder terreno, perder simpatías, ser dejado atrás
Hemos perdido mucho terreno en el mercado desde que tuvimos que retirar el año pasado un producto.

Hintertürchen • sich ein Hintertürchen offen halten
tener siempre una escapatoria (col), no comprometerse del todo
Él nunca se compromete del todo y tiene siempre una posible escapatoria si las cosas no salen como él quiere.

Hinz • Hinz und Kunz
Fulano y Mengano, Fulano y Zutano, cualquiera, toda clase de gente, el hombre medio de la calle, el ciudadano de a pie
Éste es mi proyecto y mi trabajo y no quiero que vengan ahora aquí Fulano y Mengano a apropiarse de él.

Hiobsbotschaft • eine Hiobsbotschaft bringen
traer / llevar malas noticias
Ya sé que últimamente sólo traigo malas noticias, pero es que la vida está siendo desde hace un tiempo muy dura conmigo.

Hirn • sich das Hirn zermartern
devanarse los sesos (col), romperse el coco (col)
Llevo ya siete meses devanándome los sesos buscando una salida a mi situación y cada vez tengo menos esperanza de encontrar alguna.

hochkommen • Wenn es hochkommt, ...
a lo más ..., a lo sumo ..., todo lo más ..., como mucho ..., tirando muy por lo alto ... (col)
Como mucho vale 100 euros.

hochleben • jmd hochleben lassen
brindar por alg.
¡Brindemos por los novios y por su futuro en común!

Hochmut • Hochmut kommt vor dem Fall. (prov)
Cuanto más alto subas, más grande será la caída. (prov), ser orgulloso, darse muchos aires (col), ser engreído, darse mucho tono (col)
La familia Rodríguez se da muchos aires desde que se ha ido a vivir a una zona residencial.

Hochzeiten • auf zwei Hochzeiten tanzen
estar en misa y repicando (col)
Tu mayor problema es que siempre quieres estar en misa y repicando y eres incapaz de concentrarte en una sola cosa.

Hof • jmd den Hof machen
cortejar a alg. (ant), hacer la corte a alg. (ant)
Mi abuelo estuvo cortejando tres años a mi abuela antes de pedirle que se casara con él.

Höhe • Das ist die Höhe!
¡Es el colmo! (col) / ¡Esto pasa de castaño oscuro! (col)

Höhe • nicht auf der Höhe sein
no estar muy católico (col), estar pachucho (col), no encontrarse bien
Perdona que no te acompañe al cine, pero estoy un poco pachucha y prefiero quedarme en casa.

Höhle • sich in die Höhle des Löwen begeben
meterse en la boca del lobo (col)
Se metió en la boca del lobo al prestar su colaboración, pues ahora lo han hecho responsable de todas las irregularidades que han cometido otros.

Hölle • jmd die Hölle heiß machen
reprender a alg., intimidar a alg., amedrentar a alg.
El maestro reprendía continuamente a los alumnos y no los dejaba ni respirar.

holterdiepolter
atropelladamente, con mucho ruido, muy deprisa
Cuando oyeron la campana, todos los alumnos bajaron atropelladamente las escaleras y salieron a jugar al patio.

Holz • aus einem Holz geschnitzt sein
estar cortado por el mismo patrón, ser un ídem del lienzo (col)
Me parece que Joaquín está cortado por el mismo patrón que su hermano y nos va a dar los mismos problemas en el colegio.

Holz • auf Holz klopfen
tocar madera
Toco madera, pero yo hasta ahora nunca he tenido mala suerte con los hombres.

Holzweg • auf dem Holzwege sein
estar equivocado, engañarse a uno mismo
¡Estás equivocado si crees que así vas a ser feliz!

Honig • Das ist kein Honigschlecken.
No es ninguna pera en dulce. / No es ningún camino de rosas.

Honigkuchenpferd • wie ein Honigkuchenpferd strahlen
sonreír de oreja a oreja, irradiar felicidad / alegría
Su cara irradia felicidad desde que está enamorado.

Hopfen • Da ist Hopfen und Malz verloren.
Es un caso perdido. / Aquí no hay remedio.

Hören • Da vergeht einem Hören und Sehen!
beim Erstaunen: ¡Eso te deja pasmado! / ¡Eso te deja con la boca abierta!
beim Verwirren: ¡La cabeza me da vueltas!, ¡Qué mareo!
Bei Schmerzen: ¡Eso te hace ver las estrellas!

hören • Wer nicht hören will, muss fühlen. (prov)
Es inútil dar consejos al que no quiere oír. (prov)

Horizont • Das geht über meinen Horizont.
Eso está fuera de mi alcance. / Eso no pertenece a mi esfera de actividades. / De eso no sé nada. / Eso es para mí chino. (col) / De eso no entiendo ni papa. (col)

Horn • ins gleiche Horn blasen
estar en sintonía con, estar de acuerdo con, simpatizar con, tener el mismo punto de vista, tener la misma actitud ante algo, estar en la misma línea
Rafael siempre está de acuerdo contigo y repite tus palabras como si fuera un loro.

Hörner • sich die Hörner abstoßen
correrla (col)
Quien no la corre de soltero, la corre de casado. (prov)

Hörner • dem Ehemann Hörner aufsetzen
poner los cuernos al marido (im Spanischen auch: a la mujer)
Le está poniendo los cuernos a su marido.

Hosenboden • sich auf den Hosenboden setzen
empollar (col), dedicarse a aprender en serio
Me pasé toda la noche empollando para aprobar el examen del día siguiente.

hü • Der eine sagt hü, der andere sagt hott.
Si uno dice blanco, el otro dice negro.

huckepack • jmd huckepack tragen
llevar a cuestas, llevar a cabrito(s)
El niño se quedó dormido en el restaurante y su padre lo tuvo que llevar a casa a cabrito.

Huhn • wie ein gerupftes Huhn aussehen
tener un aspecto desastrado
Regen: parecer un pollo (col)
Con la lluvia que le había caído encima parecía un pollo.

Huhn • Ein blindes Huhn findet auch einmal ein Korn. (prov)
Hasta los más tontos tienen a veces una idea brillante.

Huhn • das Huhn schlachten, das die goldenen Eier legt
matar a la gallina de los huevos de oro (prov)
Al despedir a Juan de la empresa mataron a la gallina de los huevos de oro porque él era realmente el que tenía las ideas y el empuje suficiente para llevarlas a cabo.

Hühnchen • mit jmd noch ein Hühnchen zu rupfen haben
tener alguna cuenta pendiente con alg. (col)
María y yo tenemos todavía una cuenta pendiente y hasta que no aclaremos todo nuestra relación no podrá ser como antes.

Hühner • Da lachen ja die Hühner!
¡Eso es una tontería! (col) / ¡Eso es una gilipollez! (vulg)

Hülle • in Hülle und Fülle
en abundancia, en grandes cantidades, a tutiplén (col), con derroche de, a porrillo (col), a espuertas (col), un montón de (col), una pila de (col), a patadas (col)
Personas con tus mismas cualificaciones las hay a porrillo, así que mejor es que sigas estudiando si quieres conseguir alguna vez un buen puesto.

Hund • bekannt sein wie ein bunter Hund
ser conocido en todos lados, ser conocido por todo el mundo (meistens aktiv verwendet)
Cuando llegues al pueblo pregunta por Manolo Vázquez; todo el mundo lo conoce y te podrá decir cuál es su casa.

Hund

Hund • auf den Hund gekommen sein
ir de mal en peor, arruinarse, arruinar su salud, echarse a perder
Va de mal en peor desde que se quedó sin trabajo.

Hund • Da wird ja der Hund in der Pfanne verrückt!
¡Increíble! / ¡Eso no puede ser! / ¡Alucinante!

Hund • ein krummer Hund sein
ser un embaucador, ser un impostor, ser un embustero
Esas cosas te pasan por haberte enamorado de un embaucador.

Hund • wie Hund und Katze sein
llevarse como el perro y el gato (col)
Mis hijos se llevan como el perro y el gato y ya no sé qué hacer para que haya paz en casa.

Hunde • Hunde, die bellen, beißen nicht. (prov)
Perro ladrador, poco mordedor. (prov)

Hunde • vor die Hunde gehen
arruinarse, sucumbir, echarse a perder
Se metió en un negocio demasiado arriesgado y se arruinó en menos de un año.

Hunde • Das ist ja zum Junge-Hunde-Kriegen!
¡Esto es para volverse loco!

Hunde • keine schlafenden Hunde wecken
Mejor no meneallo. / La mierda, si se mueve, peor huele. (vulg)

hundemüde • hundemüde sein
estar cansadísimo, estar medio muerto (col), estar rendido, estar hecho polvo (col), estar para el arrastre (col)
Cuando vuelve a casa del trabajo siempre está rendida y no tiene ganas ni de hablar.

Hungertuch • am Hungertuch nagen
no tener dónde caerse muerto (col), morirse de hambre
Es un pobre diablo que no tiene dónde caerse muerto.

Hut • unter einen Hut bringen
compaginar, conciliar
A veces es muy difícil compaginar la familia y el trabajo fuera de casa.

Hut • den Hut herumgehen lassen
pasar la gorra, pasar el platillo
Los payasos pasaron la gorra después de su actuación.

Hut • Da geht einem der Hut hoch!
¡Esto me saca de quicio! / ¡Esto acaba con la paciencia de cualquiera! / ¡Esto pasa de castaño oscuro! (col) / ¡Esto es inaudito!

Hut • auf der Hut sein
estar en guardia, mantenerse alerta, estar sobre aviso, estar ojo avizor, andar con cuidado, andar prevenido
Tienes que andar con cuidado con Pepe; yo creo que trama algo.

Hut • Das kannst du dir an den Hut stecken!
¡Eso te lo puedes meter donde te quepa! (vulg)

Hut • den Hut vor jmd ziehen
quitarse el sombrero ante alg., descubrirse ante alg.
Hay que descubrirse ante esas personas que abandonan todas las comodidades para servir a los demás.

Hutschnur • über die Hutschnur gehen
pasarse (un pelín) (col), pasarse de la raya, ir demasiado lejos, pasar algo de castaño oscuro (col)
Se pasó un pelín al decirle a su suegra que lo peor de su hija era su madre.

I • I bewahre!
¡Ni hablar (del peluquín) ! / ¡De ninguna manera! / ¡De ningún modo! / ¡En absoluto! / ¡Ni pensarlo!

Idee • eine fixe Idee
una idea fija, una obsesión
El quererse ir a vivir a Málaga se ha convertido para él en una obsesión.

in • in sich gehen
reflexionar, arrepentirse, recapacitar
Después de haberle dicho que nunca más trabajaría para él, reflexionó un poco y cambió de opinión.

in • es in sich haben
ser más difícil de lo que parece, tener su intríngulis (col)
Problem / Aufgabe: tener mandanga (col), ser muy difícil
El problemita tenía mandanga y nos estuvimos partiendo la cabeza varios días para resolverlo.
Vertrag: tener trampa, tener alguna dificultad, haber gato encerrado (col)
Geschichte: ser muy fuerte (col)
La historia que me contó sobre su infancia fue tan fuerte que me quedé sin saber qué decirle.
Getränk: ser fuerte
No bebas mucho de ese aguardiente porque es muy fuerte.

Innerste • bis ins Innerste getroffen sein
llegar a lo más profundo / a lo más hondo / al alma, herir
El que no se dignara a visitarme en el hospital me llegó a lo más profundo.

Irren • Irren ist menschlich. (prov)
Errar es humano. (prov) / De los hombres es errar. (prov)

ja • ein Ja-Sager sein
ser un pelotillero (col) / pelota (col) / muy condescendiente
A mí me gustaría que mis colaboradores fueran un poco más críticos, pero son una pandilla de pelotilleros que me dicen sí a todo para que yo esté contento.

Jacke • Die Jacke ziehe ich mir nicht an.
De eso no me responsabilizo.

Jacke • das ist Jacke wie Hose
Lo mismo da. / Es tanto lo uno como lo otro. / Da igual una cosa que la otra.

Jahr • das verflixte siebte Jahr
el maldito séptimo año (año crítico en una relación de pareja)

Jahre • alle Jahre wieder
todos los años, año tras año
Todos los años sin excepción me manda un ramo de flores por mi cumpleaños.

Jammerlappen • ein Jammerlappen sein
ser un llorica (col) (wenn es zum Weinen kommt), ser un quejica (col), ser un merengue (col), ser un mantequita (col)
Es un mantequita que nada más rozarlo se pone a llorar.

Jeder • Jeder ist sich selbst der Nächste.
cuidar de sí mismo / Cada cual cuida de sí primero. / Cada cual lleva el agua a su molino. / Cada uno quiere llevar el agua a su molino y dejar en seco al del vecino. (prov) / Primero son mis dientes que mis parientes. (prov)

Jordan • über den Jordan gehen
pasar a mejor vida, estirar la pata (col)
El pobre ya ha pasado a mejor vida y puede descansar en paz.

Jubeljahr • alle Jubeljahre (einmal)
de Pascuas a Ramos (col), de higos a brevas (col), muy raras veces, muy de vez en cuando, de muy tarde en tarde
Sólo se acuerda de mí de Pascuas a Ramos y entonces me manda una tarjetita con tres frases y media.

Judaslohn • Judaslohn (bekommen)
dinero conseguido por haber traicionado a alg., las treinta monedas de Judas
Y ahora el muy canalla recibirá las treinta monedas de Judas por habernos traicionado a todos.

Jux • aus lauter Jux und Tollerei
sólo de broma, sólo en broma
Dijeron sólo de broma que se iban a casar y ahora todo el pueblo cree que es verdad.

jwd
muy lejos, donde Cristo dio las tres voces (col), donde Cristo perdió el mechero (col), donde el viento da la vuelta (col), en el quinto pino, en la quinta puñeta (vulg), en el quinto coño / carajo (vulg)
Ahora vive en la quinta puñeta, en una de esas zonas residenciales tan de moda.

Kamellen

Kacke • die Kacke ist am Dampfen
armarse una buena (col), armarse la de Dios es Cristo (col), armarse la marimorena (col)
Ahora se va a armar una buena porque mis padres se han dado cuenta de que anoche estuve en la discoteca y no en tu casa estudiando.

Kaffee • Das ist doch kalter Kaffee!
Eso es archisabido / archiconocido. / Eso es de lo más anticuado.

Kaffee • Dem hat man wohl was in den Kaffee getan!
¡Seguro que no habla en serio! / ¡Tiene que estar de broma!

Käfig • im goldenen Käfig sitzen
sentirse prisionero a pesar de estar rodeado de riquezas
Se siente prisionera a pesar de que vive en una mansión rodeada de todo tipo de lujos.

Kaiser • sich um des Kaisers Bart streiten
discutir / reñir por nada
Cada vez me gusta salir menos con Ana y Pedro; ayer otra vez empezaron a discutir por nada y nos estropearon la noche.

Kaiser • Wo nichts ist, hat der Kaiser sein Recht verloren. (prov)
No se puede sacar de donde no hay. / De donde no hay, no se puede.

Kaiser • Der / Er kommt sich vor wie der Kaiser von China.
Se cree que es Dios. / Se cree muy importante. / Se da muchos aires. (col)

Kaiser • wo der Kaiser zu Fuß hingeht
el váter, el servicio, el baño, el retrete, el excusado
Espera un momento que tengo que ir al váter.

Kaliber • von gleichem Kaliber sein
ser del mismo calibre, estar cortado por el mismo patrón
Parece como si todos los jefes de esta empresa estuvieran cortados por el mismo patrón: todos llegan tarde, mandan mucho y hacen poco.

Kamellen • Das sind doch olle Kamellen!
¡Esos son antiguallas! / ¡Eso no es nada nuevo! / ¡Son historias viejas!

Kamm • nicht alles über einen Kamm scheren
no medir todo por el mismo rasero, no generalizar, tratar cada caso en particular
Con nuestros pacientes tenemos que tratar cada caso en particular porque no todos tienen el mismo historial clínico.

Kampfhahn • ein Kampfhahn sein
ser un gallito (col), ser un camorrista (col)
Es un camorrista de mucho cuidado y a la menor ocasión empieza una pelea.

Kandare • jmd fest an die Kandare nehmen
tener a alg. bajo un férreo control
En el internado es muy importante tener a todos los alumnos bajo un férreo control.

Kanone • Das ist unter aller Kanone!
¡No puede ser peor! / ¡Peor imposible!/ ¡Qué desastre! / ¡Es el colmo!

Kanonen • mit Kanonen auf Spatzen schießen
emplear medidas desproporcionadas

Kanonenrohr • Heiliges Kanonenrohr!
¡Demonios! / ¡Caramba!

Kapitel • ein Kapitel für sich sein
(Pero) eso es harina de otro costal. (col) / (Pero) eso es otra historia. / (Pero) eso no viene al caso.
Pero cómo llegué aquí es otra historia que te contaré en otra ocasión.
negativ: tener mandanga (col) / Eso se las trae. (col)

Kappe • etwas auf seine Kappe nehmen
cargar con el mochuelo (col), responder por algo, hacerse responsable de algo
Yo tendré que cargar con el mochuelo si no realizas bien tu trabajo.

Karren • den Karren aus dem Dreck ziehen
arreglar las cosas, poner las cosas en orden
Los empleados de la sucursal de Cádiz son unos ineptos y he tenido que ir unos días allí para poner las cosas en orden.

Karte • alles auf eine Karte setzen
jugarse todo a una carta (col), jugarse el todo por el todo (col)
Hay momentos de la vida en los que hay que jugárselo todo a una carta y esperar que todo salga bien.

Karten • sich nicht in die Karten schauen lassen
no enseñar las cartas, no mostrar la siguiente jugada
Él nunca muestra la siguiente jugada y a veces sus decisiones son verdaderas sorpresas para mí.

Karten • seine Karten auf den Tisch legen
poner las cartas sobre la mesa / boca arriba, desembuchar (col), declarar abiertamente algo
Ya va siendo hora de que pongamos las cartas sobre la mesa y digamos lo que realmente pensamos.

Kartenhaus • zusammenstürzen wie ein Kartenhaus
derrumbarse como un castillo de naipes
Todos sus sueños se derrumbaron como un castillo de naipes cuando su novia tuvo el accidente que la dejó paralítica.

Kartoffel • jmd wie eine heiße Kartoffel fallen lassen
dejar tirado a alg. (col), dejar a alg. en la estacada (col)
Me dejó tirada en el momento en el que se dio cuenta de que la otra tenía más dinero que yo.

Kartoffeln • rin in die Kartoffeln, raus aus'n Kartoffeln
Donde dije digo, digo Diego. (prov) / cambiar continuamente de opinión
Si yo fuera tú no aguantaría los cambios continuos de opinión de tu novio: hoy te quiero, mañana no y pasado tal vez.

Käseblatt
periodicucho, periódico de mala muerte
Se cree muy importante y sólo porque de vez en cuando escribe un artículo para un periodicucho de provincias.

Kasse • Da klingelt die Kasse.
Está entrando dinero a raudales.

Kasse • jmd zur Kasse bitten
pedirle a alg. que desembolse, aflojar el bolsillo (col), apoquinar (col)
Y ahora el seguro nos pide que desembolsemos 1000 euros más, pero nosotros nos negamos.

Kasse • getrennte Kasse machen
pagar a escote, pagar por separado
Cuando salimos todos juntos siempre pagamos a escote, a no ser que sea el cumpleaños de alguno y quiera invitarnos.

Kasse • gut bei Kasse sein
tener fondos, tener dinero (disponible)
Todavía tenemos fondos para permitirnos ese viaje.

Kasse • schlecht bei Kasse sein
no tener ni un céntimo, no tener ni un duro (col), estar a la cuarta pregunta (col)
Alfonso siempre está a la cuarta pregunta y anda por ahí pidiendo dinero a los amigos.

Kastanien • für jmd die Kastanien aus dem Feuer holen
sacarle a alg. las castañas del fuego (col)
Estoy harta de que siempre te metas en líos y que al final sea siempre yo la que te tenga que sacar las castañas del fuego.

Katze • für die Katz
para nada
Nos pararon el proyecto y todo nuestro trabajo fue para nada.

Katze • Das trägt die Katze auf dem Schwanze weg.
Esto no tiene nada de particular. / Es una insignificancia / muy poco.

Katze • Wenn die Katze aus dem Haus ist, tanzen die Mäuse auf dem Tisch. (prov)
Cuando el gato está ausente, los ratones se divierten. (prov)

Katze • die Katze aus dem Sack lassen
tirar de la manta (col), revelar el secreto
Nos ha amenazado con tirar de la manta y revelar toda la verdad si no le pagamos 20.000 euros.

Katze • nicht die Katze im Sack kaufen (wollen)
no comprar gato por liebre (col), no comprar a ciegas
A mí no me gusta comprar a ciegas y por eso miro muy bien los productos antes de llevármelos a casa.

Katze • Die Katze lässt das Mausen nicht. (prov)
Genio y figura hasta la sepultura. (prov)

Katze • wie die Katze um den heißen Brei herumschleichen
dar más vueltas que un trompo (col), dar vueltas
No des más vueltas y siéntate de una vez a estudiar.

Katze • mit jmd Katz und Maus spielen
jugar con alg., no decir la verdad, esquivar a alg.
Gabriel está jugando conmigo y ya me estoy cansando.

Katzensprung • Das ist ein Katzensprung von hier.
Está a un tiro de piedra de aquí. / Está a dos pasos de aquí. / Está muy cerquita de aquí.

Kauderwelsch
galimatías
Ya está bien de galimatías. ¿Me puedes decir claramente qué es lo que quieres?

Kauz • ein komischer Kauz sein
ser un tío raro (col), ser un tipo raro (col)
Es un tío rarísimo que siempre anda solo y meditabundo.

Kehle • sich die Kehle aus dem Hals schreien
desgañitarse (col), dar voces, decir a gritos, vociferar, chillar
Estoy todo el día desgañitándome diciéndoles lo que tienen que hacer y parece que no me oyen.

Kehrseite • die Kehrseite der Medaille
la otra cara de la moneda
Tienes también que ver que la otra cara de la moneda es que vas a perder para siempre tu libertad.

Keil • einen Keil zwischen zwei Personen treiben
sembrar / meter cizaña entre dos personas, enemistar a dos personas, separar a dos personas
Ana está locamente enamorada de mi novio e intenta siempre sembrar cizaña entre nosotros.

Keim • etwas im Keim ersticken
cortar algo de raíz
Hay que cortar de raíz la nueva costumbre de tu hija de llegar siempre tarde a casa.

Kelch • Der Kelch ist an mir noch einmal vorübergegangen.
Me he vuelto a librar.

Kerbholz • etwas auf dem Kerbholz haben
no tener la conciencia limpia, haber hecho algo malo
Ninguno de ellos tiene la conciencia limpia después de haber hecho con nosotros tantas injusticias durante tantos años.
wenn man schon einmal verurteilt worden ist: tener antecedentes penales
Tiene antecedentes penales y por eso no lo quieren contratar en ningún sitio.

Kern • einen guten Kern in einer rauen Schale haben
El león no es tan fiero como lo pintan. / En el fondo no tiene tan mal carácter.

Kieker • jmd auf dem Kieker haben
tenerle manía a alg. (col), tener a alg. entre ceja y ceja (col)
Ese profesor me tiene manía y por mucho que estudie nunca me dará una buena nota.

Kind • das Kind beim Namen nennen
(llamar) al pan, pan, y al vino, vino / llamar a las cosas por su nombre
Mira, al pan, pan y al vino, vino, porque las cosas tienes que decirlas claramente para que todo el mundo sepa lo que tú realmente piensas de este asunto.

Kind • das Kind im Manne
el niño que uno lleva dentro

Kind • sich bei jmd lieb Kind machen wollen
dar coba a alg. (col), desvivirse por complacer a alg., procurarse la simpatía de alg.
Últimamente Juan se desvive por complacerme en todo; seguro que quiere algo de mí.

Kind • das Kind mit dem Bade ausschütten
tirar todo por la borda (sin conservar la parte positiva) (col), destruir todo (lo bueno y lo malo) cuando se comete un error
Estaba tan descontenta con las conclusiones de su tesis doctoral que borró el último capítulo por completo sin salvar la parte que estaba bien.

Kind • Gebranntes Kind scheut das Feuer. (prov)
El gato escaldado del agua fría huye. (prov)

Kind • Wir werden das Kind schon schaukeln.
Lo llevaremos a cabo. / Lo llevaremos a buen término.

Kind • mit Kind und Kegel
con toda la familia
Iremos a la excursión con toda la familia.

Kind • kein Kind von Traurigkeit sein
vivir intensamente (beber mucho, festejar mucho, etc)
Rafael vive intensamente y nunca dice que no a los placeres de la vida.

Kindermund • Kindermund tut Wahrheit kund. (prov)
Los niños y los locos dicen la(s) verdad(es). (prov)

Kinderschuhe • noch in den Kinderschuhen stecken
Person: no haber salido todavía del cascarón (col), estar todavía en mantillas / en pañales (col)
Sache: estar todavía en mantillas / en pañales (col), estar todavía en la fase preliminar, estar en estado embrionario
Mi tesis doctoral está todavía en pañales y me tengo que dar mucha prisa si la quiero entregar antes del verano.

Kinderstube • (k)eine gute Kinderstube gehabt haben
(no) haber tenido / recibido una buena educación, (no) haber aprendido buenos modales
En su forma de comportarse en público se nota que ha recibido una buena educación.

Kippe • etwas steht auf der Kippe
estar a punto de perder el equilibrio, estar en un tris de caer (col), estar en peligro, pender de un hilo
La renovación de mi contrato estuvo pendiente de un hilo hasta última hora.

Kirche • die Kirche im Dorf lassen
poner unos límites, no pasarse (col), no tener ideas demasiado pretenciosas
Está bien que le demos a los niños algunos caprichos, pero debemos poner unos límites si queremos que el día de mañana sean responsables.

Kirchenmaus • arm wie eine Kirchenmaus sein
ser más pobre que las ratas (col), no tener dónde caerse muerto (col)
El pobre anciano no tiene dónde caerse muerto y vive de lo que los demás le quieran dar.

Kirschen • mit jmd ist nicht gut Kirschen essen
A ése hay que echarle de comer aparte (col), no hacer nadie buenas migas con alg. (col), no entenderse nadie (bien) con alg.
Ramón es el único del grupo con el que nadie puede hacer buenas migas.

klappen • Es hat geklappt!
¡Ha funcionado!

Klapperstorch • an den Klapperstorch glauben
creer en la cigüeña (col)
Los niños de ahora no creen en la cigüeña ni siquiera cuando están en la guardería.

Klasse • Das ist große Klasse!
¡Eso es fantástico! / ¡Eso es estupendo!

Klatsch • Klatsch und Tratsch
chismes (col), cotilleo (col), chismorreo (col), comadreo (col), habladurías, murmuración
Maruja se sabe los chismes de todo el barrio y se dedica la mitad del día al cotilleo.

Klatschweib • ein altes Klatschweib sein / eine Klatschtante sein
ser un(a) cotilla (col), ser un(a) chismosa (col)
Blanca es una cotilla que se sabe la vida y milagros de todos los vecinos.

klein • klein aber mein
Será poco, pero es mío.

klein • klein beigeben
transigir
Después de negociar durante varios meses tuve que transigir y aceptar las condiciones que ellos me ofrecían.

Kleinholz • aus jmd Kleinholz machen
hacer a alg. picadillo (col), hacer pedazos a alg. (col), machacar a alg. (col)
El tribunal me hizo picadillo cuando empezó a preguntarme sobre las últimas tendencias de la poesía alemana.

Kleinvieh • Kleinvieh macht auch Mist. (prov)
Las pequeñas cosas / Los pequeños ahorros también tienen importancia. / Cada granito de arena es importante.

Klemme • in der Klemme sein / sitzen
estar en un apuro, estar en un aprieto
Estoy en un buen aprieto si se descubre que yo he sido la causante de toda esta confusión.

Klette • sich wie eine Klette an jmd hängen / eine Klette sein
seguir uno a alg. como si fuera su propia sombra (col), no dejar a alg. ni a sol ni a sombra (col), ser una lapa (col)
Anda, échate para allá, que pareces una lapa todo el día pegado a mí.

Klinge • jmd über die Klinge springen lassen
pasar a alg. por las armas, mandar a alg. a la muerte
<u>Fußball:</u> hacer una falta sucia
Todos los prisioneros fueron pasados por las armas.

Klinke • sich die Klinke in die Hand geben
no dejar de sonar el timbre, tener muchas visitas
Desde que mi marido es el presidente de la comunidad no deja de sonar el timbre noche y día.

Klinken • Klinken putzen
ir de puerta en puerta
Estuve tres años vendiendo enciclopedias de puerta en puerta, pero ganaba tan poco dinero que decidí dedicarme a otra cosa.

klipp • klipp und klar sagen
decir sin rodeos, decir abiertamente, decir francamente
Te voy a decir francamente lo que pienso de ti y de tu familia para que no haya ninguna confusión más.

Klotz • jmd ein Klotz am Bein sein
ser un estorbo para alg., ser una rémora para alg.
Esas costumbres tan anticuadas son un estorbo para el desarrollo como personas de las mujeres de esta familia.

Klotz • ein ungehobelter Klotz sein
no tener modales, ser un tipo rudo
Mi primo no tiene modales y me da vergüenza ir con él a ningún lado.

klug • Der Klügere gibt nach. (prov)
Una retirada a tiempo es una victoria. (prov)

Klugscheißer • ein Klugscheißer sein
ser un sabelotodo (col)
Pablo es un sabelotodo al que no se le puede llevar la contraria.

Knie • etwas (nicht) übers Knie brechen
(no) obrar atropelladamente, (no) precipitarse, (no) tomar una decisión precipitadamente
No nos vamos a casar todavía; no queremos precipitarnos y tomar una decisión de la que después nos podamos arrepentir.

Knie • Seine Knie waren wie Wachs.
temblar las rodillas
Me empezaron a temblar las rodillas cuando el profesor me dijo que saliera a la pizarra a resolver el problema.

Knie • jmd übers Knie legen
dar unos azotes (como medida educativa)
Mi padre me ha contado que mi abuelo le dio unos buenos azotes cuando lo vio por primera vez fumando.

Kniff • den Kniff bei etwas heraushaben
cogerle / pillarle el tranquillo a algo (col), lograr entender algo
Tardé bastante tiempo en cogerle el tranquillo a la nueva máquina de coser.

knochentrocken
muy seco, completamente seco, árido
Las plantas estaban totalmente secas después de un día de tanto calor.

Knöpfe • etwas an den Knöpfen abzählen
verse venir (col)
La decisión que iban a tomar se veía venir desde el principio.

Knoten • einen Knoten ins Taschentuch machen
hacer un nudo en el pañuelo (para acordarse de algo)
Le hice un nudo al pañuelo y le recé a «San Cocufato» (Cucufate), pero las gafas no aparecieron por ningún lado.

Knoten • Der Knoten ist bei ihm / ihr noch nicht geplatzt.
¡Todavía no lo ha a pillado / cogido / entendido! / ¡Todavía no lo ha conseguido!

Knüppel • jmd einen Knüppel zwischen die Beine werfen
poner obstáculos a alg., poner trabas / pegas a alg.
En el consulado me pusieron muchas trabas para renovar mi pasaporte.

Knute • die Knute zu spüren bekommen
sentir el látigo (fig), sentir el poder de otra persona
El nuevo profesor nos hizo sentir el látigo mandándonos todos los días muchísimos deberes.

Köche • Viele Köche verderben den Brei. (prov)
Muchas manos en un plato pronto entran en arrebato. (prov)

Koffer • die Koffer packen
hacer las maletas, irse de casa
Como sigas presionándome de esa manera voy a hacer las maletas y no me vas a ver nunca más.

Kohl • Das macht den Kohl nicht fett.
Eso no te va a ayudar. / Esa no es ninguna solución. / Con eso no vas a llegar a ningún lado.

Kohldampf • Kohldampf schieben
tener hambre
Tenía un hambre de lobo y en aquella aldea no había nada de comer.

Kohle • (keine) Kohle haben
(no) tener pasta (col) / guita (col)
Todavía tengo algo de pasta para tomarnos unas copas.

Kohlen • wie auf (glühenden) Kohlen sitzen
estar sobre / en ascuas
Estoy sobre ascuas esperando la decisión del tribunal examinador.

Koks • wie Graf Koks (von der Gasanstalt) auftreten
comportarse como un nuevo rico
Los que se comportan como nuevos ricos sólo quieren que los demás les tengan envidia.

kommen • komme, was da wolle
venga lo que venga
Seguiremos juntos venga lo que venga.

Komödie • jmd eine Komödie vorspielen
hacer una comedia, fingir, simular
Estuvo simulando ante mí durante tres años hasta que por fin descubrí que tenía una amante.

König • der König der Lüfte
el águila

König • der König der Tiere
el rey de la selva (el león)

Kopf • jmd raucht der Kopf
echar humo la cabeza (col), dar vueltas la cabeza (col), calentarse los cascos (col)
Me echa humo la cabeza de tanto estudiar.

Kopf • seinen Kopf aus der Schlinge ziehen
salir de un aprieto (col), salir de una situación difícil, salir bien librado
Al final salió bien librado de todo el escándalo que se había armado por su culpa.

Kopf • Ihr (ihm, ihnen) ist es zu Kopf gestiegen.
subírsele algo a alg. a la cabeza (col)
El éxito de su último libro se le ha subido a la cabeza y ahora se cree que nadie puede escribir tan bien como él.

Kopf • mit dem Kopf durch die Wand wollen
empeñarse en algo, querer conseguir algo a toda costa
Se ha empeñado en ser el mejor diseñador del país y no parará hasta que lo consiga.

Kopf • nicht auf den Kopf gefallen sein
no ser tonto (col), ser más listo que el hambre (col), no chuparse el dedo (col), no tener un pelo de tonto (col)
Juan Carlos es más listo que el hambre y se va a dar cuenta en seguida de que lo quieres engañar.

Kopf • Es muss alles nach ihrem (seinem) Kopf gehen!
¡Siempre se tiene que hacer todo a su manera! / ¡Siempre se tiene que hacer lo que él (ella) quiere! / ¡Siempre tiene que salirse con la suya! (col)

Kopf • sich etwas durch den Kopf gehen lassen
darle vueltas a algo (en la cabeza) (col), rumiar algo (col), pensarse algo bien, reflexionar sobre algo
Le he estado dando vueltas en la cabeza a lo que me dijiste ayer y creo que realmente tienes razón y que es mejor no incluir a Salvador en el testamento.

Kopf • Was man nicht im Kopf hat, hat man in den Beinen. (prov)
A quien Dios no le da cabeza, le da buenas piernas. (prov)

Kopf • den Kopf in den Sand stecken
cerrar los ojos ante la realidad, esconder la cabeza como el avestruz
Tenemos que hacer algo, no podemos seguir cerrando los ojos ante tu enfermedad.

Kopf • den Kopf kosten
costar la cabeza
Su aventurita con la hija del director le puede costar la cabeza.

Kopf • jmd einen Kopf kürzer machen
cortarle la cabeza a alg.
A muchas personas le cortaron la cabeza durante la Revolución Francesa.
poner a alg. en su sitio (col)
El jefe puso a Jaime en su sitio al decirle en público que él no era nadie para dar órdenes a sus compañeros.

Kopf • Kopf und Kragen riskieren
arriesgar el cuello (col), arriesgar el pellejo (col)
A veces no hay más remedio que arriesgar el pellejo por un amigo.

Kopf • sich etwas aus dem Kopf schlagen
quitarse algo de la cabeza (col)
Con las notas que has traído ya te puedes ir quitando de la cabeza ir a la fiesta de tu amiga Marta.

Kopf • nicht wissen, wo einem der Kopf steht
no saber dónde se tiene la cabeza (col), tener la cabeza como una olla de grillos (col), tener la cabeza embotada
He aprendido tanto que ahora tengo la cabeza embotada.

Kopf • etwas auf den Kopf stellen
poner(lo) todo patas arriba (col), revolverlo todo
No sé qué andaba buscando Lola: ha llegado, ha puesto su habitación patas arriba y luego se ha vuelto a marchar dando un portazo.

Kopf • jmd vor den Kopf stoßen
herir a alg. en su amor propio
Lo herimos en su amor propio al decirle que todo lo que había hecho no nos servía para nada.

Kopf • jmd den Kopf verdrehen
hacer perder la cabeza a alg.
Esa mujer me ha hecho perder la cabeza y ya no sé vivir sin ella.

Kopf • über den Kopf wachsen
irse de las manos (col), agobiar (col), meterse en camisa de once varas (col)
Toda la situación se me ha ido de las manos pues no contaba con que nos hicieran tantos pedidos al mismo tiempo.

Kopf • jmd den Kopf waschen
echar un rapapolvo a alg. (col), sermonear a alg. (col), reprender a alg., echar a alg. una reprimenda
Mis padres me echaron un buen rapapolvo por llegar tarde a casa.

Kopf • sich den Kopf zerbrechen
romperse la cabeza (col), devanarse los sesos (col), comerse el coco
¡No te devanes más los sesos! ¡Ella no te va a querer nunca!

Köpfchen • Köpfchen haben
ser listo / inteligente, tener la cabeza bien amueblada (col)
La nueva secretaria es bastante lista y sólo ha necesitado unos días para saber cómo funcionan aquí las cosas.

Köpfe • über die Köpfe hinwegreden
no llegar (un mensaje) a la gente, no hacerse entender
El cura de mi parroquia no llega a la gente cuando habla y está perdiendo a muchos feligreses.

kopflos sein
no tener cabeza
Lo que has hecho es propio de una persona que no tiene cabeza.

Korb • einen Korb bekommen
dar calabazas (col)
Con lo que yo lo quería y él me dio calabazas sin más explicación.

Korb • jmd einen Korb geben
dar calabazas (col)
Le di calabazas a pesar de que fuera el chico más guapo del pueblo.

Korn • jmd aufs Korn nehmen
no perder de vista a alg., fijar su atención en alg., poner a alg. a prueba, hacer que alg. sea el blanco de las críticas / las burlas
Juan Carlos empezó a contarle a todos anécdotas de mi pasado e hizo que yo fuera el blanco de todas las burlas.

Körper • In einem gesunden Körper wohnt ein gesunder Geist. (prov)
Mens sana in corpore sano. (prov)

Kosten • auf seine Kosten kommen
salirle a alg. algo redondo (col) / a pedir de boca (col), aprovechar bien algo, conseguir todo lo que uno quiere
La fiesta salió redonda y todo el mundo disfrutó de lo lindo.

Kosten • weder Kosten noch Mühen scheuen
no escatimar esfuerzos ni dinero
No escatimaremos esfuerzos ni dinero para hacer de nuestra campaña la más sonada de todos los tiempos.

Kostverächter • kein Kostverächter sein
ser un vividor
Felipe es un vividor y no le hace ascos a ningún placer.

kotzen • Das ist zum Kotzen!
¡Vaya asco! / ¡Vaya porquería! / ¡Qué mierda! (vulg)

Kragenweite • Der ist nicht meine Kragenweite!
No es santo de mi devoción. (col) / No me va. (col) / No es de mi agrado.

Krähe • Eine Krähe hackt der anderen kein Auge aus. (prov)
Entre sastres no se pagan hechuras. (prov) / La personas de igual profesión o estatus se protegen.

Krämerseele • eine Krämerseele sein
ser estrecho de miras, ser mezquino
Es muy estrecho de miras y no acepta nada que se salga un poco de lo que para él es normal.

kratzen • Das kratzt mich nicht!
¡Eso me resbala!

Kraut • Dagegen ist kein Kraut gewachsen.
No hay ningún remedio contra eso. / Eso no se puede remediar de ninguna forma.

Kraut • wie Kraut und Rüben
revuelto, desordenado, de cualquier modo
Toda la ropa estaba revuelta en el armario y no se podía encontrar nada.

Kreide • bei jmd in der Kreide stehen
estar entrampado con alg. (col), deberle dinero a alg., tener deudas con alg.
Está entrampado conmigo desde hace un año, pero todavía no puede devolverme el dinero.

kreidebleich • kreidebleich werden / sein
ponerse / estar blanco como la pared
Se puso blanca como la pared cuando vio a su novio con otra.

Kreis • der Kreis schließt sich
volver al punto de partida
<u>Lösung:</u> *Se va llegando a una solución. / La solución está próxima.*

Kreise • etwas zieht Kreise
extenderse, llegar a todos los rincones / hasta el último rincón
La noticia de que me había separado de mi marido se extendió rápidamente por todo el pueblo.

Kreuz • jmd aufs Kreuz legen
engañar
Me han vuelto a engañar al venderme un coche que tiene muchos más kilómetros de lo que me habían dicho.
tirar de espaldas / boca arriba
Antonio me empujó y me tiró de espaldas.
Sex: llevarse a la cama (col), tirarse (vulg)
Lolo se lleva a la cama a todas las chicas que se cruzan en su camino.

Kreuz • sein Kreuz tragen
cargar con su cruz (bibl), llevar su cruz (bibl)
Mi mujer me da muchos problemas pero, como tú ya sabes, cada uno tiene que cargar con su cruz y a mí me ha tocado ésta.

Kriegsbeil • das Kriegsbeil begraben
enterrar el hacha de guerra, hacer las paces (col)
Hemos hecho las paces después de estar enfadados más de ocho meses.

Kriegsfuß • mit jmd auf Kriegsfuß stehen
estar de uñas con alg. (col), pelearse / discutir frecuentemente con alg.
Juana y Carmen siempre están de uñas y es raro el día que no discuten.

Kriegspfad • auf dem Kriegspfad sein
estar en pie de guerra (col), estar buscando pelea / jaleo (col) / camorra (col)
No le digas nada. ¿No ves que está buscando pelea?

Krug • Der Krug geht solange zu Wasser, bis er bricht. (prov)
Tanto va el cántaro a la fuente, que al final se rompe. (prov)

Kugel • eine ruhige Kugel schieben
no matarse trabajando (col), no partirse el espinazo trabajando (col)
Dice que no se mata trabajando porque en la vida hay otras cosas mucho más interesantes en las que gastar las energías.

kugeln • sich kugeln/kringeln vor Lachen
morirse de risa (col), desternillarse (de risa) (col)
La película era para morirse de risa.

Kuh • eine heilige Kuh schlachten
terminar con una tradición / con una institución que ya existe desde hace mucho tiempo

Kuh • wie die Kuh vorm neuen Tor stehen
estar / quedarse aturdido, estar / quedarse perplejo
Me quedé totalmente perplejo ante la escena de celos que me montó Enrique.

Kulissen • hinter die Kulissen schauen
mirar (qué ocurre) entre bastidores, mirar qué se cuece por detrás (col)
No te puedes hacer una idea de lo que me gustaría mirar entre bastidores para descubrir de una vez la verdad.

Kunst • mit seiner Kunst am Ende sein
haberlo intentado todo y no saber qué decir / hacer
Lo he intentado todo y ya no sé qué hacer. ¿Por qué no llamas mejor a un electricista?

Kurve • die Kurve kriegen
enderezar el camino, superar un momento difícil
Mi hijo ha dado muchos tumbos en los últimos años, pero ahora por fin ha logrado enderezar el camino.

kurz • zu kurz kommen
no conseguir / recibir algo que uno cree que se merece, salir perdiendo, ser tratado injustamente
Mi hermano Daniel siempre se queja de que él es el único hijo que de niño no ha recibido suficiente atención de nuestros padres.

kurz • über kurz oder lang
a la corta o a la larga, antes o después, tarde o temprano
Tarde o temprano se darán cuenta de que ahorrar en la educación es perjudicial para toda la nación.

Kürze • In der Kürze liegt die Würze. (prov)
Lo bueno, si breve, dos veces bueno. (Baltasar Gracián)

kürzer • den Kürzeren ziehen
llevarse la peor parte, salir perdiendo
A la hora de repartir la herencia de mi abuelo mi hermana se lo llevó casi todo y yo fui el tonto que salió perdiendo.

lachen • Wer zuletzt lacht, lacht am besten. (prov)
El que ríe el último ríe mejor. (prov)

lachen • Das Lachen wird dir noch vergehen!
¡Ya se te acabarán las ganas de reírte!

Lacher • die Lacher auf seiner Seite haben
ganarse la simpatía de la gente en una discusión
Me gané la simpatía del público cuando mi contrincante político se puso colérico y yo hice como si le tomara el pulso.

Laden • den Laden schmeißen
encargarse de todo
María es la que se encarga de todo en nuestro departamento y hace su trabajo y el de los demás.

Ladenhüter • ein Ladenhüter sein
ser un género invendible / sin salida, no tener salida
Estos floreros chinos no tienen salida y están ocupando dos estanterías para nada.

Laie • ein blutiger Laie sein
ser un principiante, ser profano en algo, no tener ni idea de algo
Soy profano en esta materia y prefiero que le preguntéis a otra persona.

Lampenfieber
miedo a actuar / a hablar en público, pánico escénico
Siempre siento miedo unos minutos antes de salir a escena.

Land • das Land, wo Milch und Honig fließen
Jauja, el paraíso terrenal
Muchos emigrantes se creen que este país es jauja y se llevan una gran desilusión cuando se dan cuenta de que no es así.

Land • das gelobte Land
la tierra prometida (bibl)
Para muchos mexicanos Los Estados Unidos es la tierra prometida.

Land • kein Land sehen
no ver ninguna salida (col)
Por mucho que me quieras animar yo sigo sin ver ninguna salida a esta situación insoportable.

Land • sich etwas an Land ziehen
conseguir algo
He conseguido ese trabajo que tanto deseaba.

Landei
cateto, de pueblo, pueblerino
Pareces un cateto con esa boina negra.

Länder • Andere Länder, andere Sitten. (prov)
Donde fueres, haz lo que vieres. (prov)

lang • etwas lang und breit erzählen
hablar largo y tendido (col), explayarse, contar con todo lujo de detalles, contar minuciosamente
Al principio me dijo que no quería hablar de ese tema, pero después se explayó durante dos horas.

lang • nicht mehr lange machen
estar en las últimas (col)
Esta lavadarora ya está en las últimas y el día menos pensado va a dejar de funcionar.

längelang • längelang hinfallen
caer(se) a todo lo largo, dar(se) de narices contra el suelo (col)
Me caí a todo lo largo porque el suelo estaba totalmente helado.

Lanze • eine Lanze für jmd brechen
romper una lanza por alg., salir en defensa de alg.
Nadie se atrevió a romper una lanza por mí porque sabían que ponían sus puestos de trabajo también en peligro.

Lappen • durch die Lappen gehen
<u>Sachen</u>: escaparse de las manos, perderse, extraviarse
<u>Beim Verhaften</u>: escaparse, esfumarse (col)
Te arrepentirás toda tu vida si dejas escapar de las manos esta oportunidad.

Lärm • viel Lärm um nichts machen
mucho ruido y pocas nueces, ser más el ruido que las nueces
Estuvieron hablando durante meses sobre la importancia del festival y, al final, fue más el ruido que las nueces porque no asistió casi nadie y la calidad dejó mucho que desear.

Lauer • auf der Lauer liegen
estar al acecho, acechar
Patricia siempre estaba al acecho esperando a que yo cometiera un fallo para atacarme sin piedad.

Lauffeuer • sich wie ein Lauffeuer verbreiten
propagarse como la pólvora (col)
La noticia se propagó como la pólvora y todos salimos perjudicados.

Laufpass • jmd den Laufpass geben
mandar a paseo a alg. (col), romper con alg., terminar con alg., despedir a alg.
He roto con mi novio porque ya estaba harta de sus infidelidades.

Laus • sich eine Laus in den Pelz setzen
acoger a alg. que más tarde te va a crear problemas
Contratar a Salvador fue crearnos problemas a nosotros y a toda la empresa.

Laus • jmd ist eine Laus über die Leber gelaufen
estar de malas pulgas (col), estar de mal humor, estar cabreado (col), estar de mala leche (vulg)
Mejor que no vayas a hablar con él porque hoy está de mala leche.

Leben • wie das blühende Leben aussehen
estar como una rosa (col), rebosar salud, tener un aspecto inmejorable
¡Da gusto verlo! ¡Rebosa salud a sus 70 años!

Leben • ein gottgefälliges Leben führen
vivir según los preceptos divinos, vivir en santidad
Siempre intenta vivir según los preceptos divinos y se entristece muchísimo cuando se sale lo más mínimo del buen camino.

Leben • aus dem Leben gegriffen
sacado de la vida misma, basado en hechos reales
El libro está basado en hechos reales que el autor vivió en su infancia.

Leben • etwas für sein Leben gern tun
estar loco por algo, ser muy aficionado a algo
Está loco por la música y se pasa todo el día oyendo a sus cantantes favoritos.

Leben • das nackte Leben retten
escaparse / huir / marcharse / irse con lo puesto
Cuando el volcán entró en erupción todos tuvieron que abandonar el pueblo deprisa y corriendo y sólo con lo puesto.

Leben • sich durchs Leben schlagen
ir tirando (col)
Voy tirando como puedo, pero a veces me resulta muy difícil.

Leben • es geht auf Leben und Tod
Es una cuestión de vida o muerte.

Leben • jmd das Leben zur Hölle machen
hacerle pasar a uno el infierno en la tierra (col), hacerle a alg. la vida imposible / insoportable
Mi vecina me está haciendo la vida imposible y lo que pretende es que yo me vaya de mi piso para quedarse ella con él.

leben • leben und leben lassen
vivir y dejar vivir
¡No te metas tanto en los asuntos de los demás! Vive y deja vivir y serás mucho más feliz.

Lebenslicht • jmd das Lebenslicht ausblasen
apagar la vida de alg., dar un golpe mortal a alg., matar a alg.
Apagó lentamente la vida de su marido poniéndole todos los días un poco de veneno en el café.

Leberwurst • die beleidigte Leberwurst spielen
mostrar que se está ofendido
Se pasó toda la noche mostrándonos lo ofendido que estaba porque no habíamos contado con él para tomar la decisión final.

Leckermaul • ein Leckermaul sein
ser (un)goloso
Mi cuñado es muy goloso y anda todo el día comiendo cosas dulces.

Leder • jmd ans Leder wollen
tenerle ganas a alg. (col), querer atacar a alg.
Hacía mucho tiempo que le tenía muchas ganas y el otro día no me pude contener más y llegamos a las manos.

Leder • zäh wie Leder sein
ser correoso
Esta carne está totalmente correosa y no me la puedo tragar.

Leder • vom Leder ziehen
arremeter contra alg. (col), empezar a insultar a alg., desenvainar la espada
Sin esperarlo arremetió contra mí y empezó a decirme todas las cosas negativas que pensaba de mí.

leer • leer ausgehen
irse con las manos vacías
Llegamos al notario con la esperanza de que el tío Jaime nos hubiera dejado algo de herencia, pero nos fuimos con las manos vacías.

Lehrgeld • Lehrgeld zahlen müssen
pagar por sus propios errores / por la inexperiencia, escarmentar (en cabeza propia)
He tenido que pagar por mis propios errores, pero por lo menos ahora ya sé cómo no debo volver a actuar.

Leib • wie auf den Leib geschrieben sein
parecer escrito especialmente para alg., venirle clavado a alg.
Parece que el papel de doña Sofía ha sido escrito especialmente para ti.

Leib • gut bei Leibe sein
estar gordo / rellenito
Mi marido está tan gordo que no cabe en los pantalones que se compró el año pasado.

Leib • mit Leib und Seele
entregarse a algo en cuerpo y alma, poner el alma en algo, emplearse a fondo en algo, hacer algo de todo corazón
Me entregué al trabajo en cuerpo y alma y descuidé lo que realmente tiene más valor en esta vida: los amigos.

leibt • wie er leibt und lebt
ser muy de alg.
Prometer que va a hacer algo y después olvidarse de ello es muy de él.

Leiche • Nur über meine Leiche!
¡Sólo por encima de mi cadáver! / ¡Bajo ningún concepto!

Leiche • eine Leiche im Keller haben
tener un secreto inconfesable
¿Conoces a alguna familia que no tenga un secreto inconfesable?

Leichen • über Leichen gehen
no tener escrúpulos, no pararse en barras
No te fíes de Enrique; él no tiene escrúpulos y sería capaz de matar a su propio padre para conseguir lo que quiere.

leicht • leichter gesagt als getan
Del dicho al hecho hay un trecho. (prov)

Leid • Geteiltes Leid ist halbes Leid. (prov)
Una pena compartida ya no es tanta pena.

Leid • Wie das Leiden Christi aussehen
estar hecho un Cristo (col), tener muy mal aspecto, tener un aspecto horroroso
Desde que sufre esa enfermedad tiene siempre un aspecto horroroso.

Leier • Es ist immer dieselbe alte Leier.
Es la misma cantinela de siempre.

Leim • jmd auf den Leim gehen / kriechen
caer en la trampa de alg., ser timado / estafado / engañado por alg.
Nos engañaron como a tontos cuando nos vendieron el anillo diciendo que era de oro.

Leine • jmd an der langen Leine halten
dar libertad (de movimiento) a alg.
No digo que no haya que controlar a los niños, pero deberías darles un poco más de libertad de movimiento.

Leisetreter • ein Leisetreter sein
ser un mátalas callando, ser una mosquita muerta (col), ser un hipócrita
Es una mosquita muerta que sonríe a todo el mundo y por detrás te da la puñalada.

Lektion • jmd eine Lektion erteilen
darle una lección a alg., darle un escarmiento a alg. (col)
A Vicente hay que darle un buen escarmiento para que aprenda a responsabilizarse de sus cosas.

lernen • Gelernt ist gelernt.
saber hacer algo bien

Leseratte • eine Leseratte sein
ser un devoralibros (col)
*¡Quién tuviera tiempo para
ser un devoralibros como tú!*

letzt • zu guter Letzt
<u>neutral:</u> para terminar
<u>negativ:</u> por añadidura, además, para colmo, por si fuera poco
*Hoy todo me ha ido mal en el trabajo y, por si fuera poco, ahora vienes tú
y me dices que has suspendido las matemáticas.*

letzte • Du bist das Letzte!
¡Eres el colmo! (col) / ¡Eres de lo que no hay! (col) / ¡Eres de lo peor!

letzter • Den Letzten beißen die Hunde. (prov)
Para el último sólo quedan las sobras.

letztes • sein Letztes geben
entregarse por completo, dar(lo) todo
*En el último maratón se entregó por completo y al final ya no podía ni
andar.*

Leuchte • keine Leuchte sein
no ser una lumbrera en algo (col)
No soy una lumbrera en matemáticas, pero voy aprobando como puedo.

Leute • es ist nicht wie bei armen Leute
Tenemos todo lo necesario. / No nos falta de nada.

Leute • geschiedene Leute sein
no hablarse, haber acabado
*Le dije que habíamos acabado y él siguió hablando como si no lo hubiera
oído.*

Leute • etwas unter die Leute bringen
Nachricht: difundir algo, divulgar algo
Geld: distribuir
La noticia de que había dejado el trabajo se divulgó en cuestión de horas.

Licht • ans Licht kommen
salir a la luz, llegarse a descubrir, quedar patente, aparecer
Por fin han salido a la luz los motivos reales por los cuales se ha estado comportando así.

Licht • Licht am Horizont sehen
vislumbrarse un poco de luz al final del camino / del túnel, ver el final del túnel
Aunque la situación todavía no esté bien, ya empieza a vislumbrarse un poco de luz al final del camino.

Licht • jmd geht ein Licht auf
comprender algo, caer (col), caer en la cuenta de algo
De pronto caí en la cuenta de que todo lo que me había contado no podía ser verdad.

Licht • das Licht der Welt erblicken
ver la luz, venir al mundo, nacer
Vine al mundo una bonita tarde de primavera.

Licht • jmd hinters Licht führen
dar gato por liebre (col), engañar a alg., timar a alg., dar el timo a alg.
Me engañó con sus historias tan bien contadas y cuando me di cuenta de que era un canalla ya era demasiado tarde.

Licht • grünes Licht für etwas geben
darle a alg. luz verde para algo, darle a alg. permiso para seguir adelante
Nos han dado luz verde para contratar a aquellas personas que se adecúen mejor a nuestro proyecto.

Licht • Licht ins Dunkel bringen
arrojar luz sobre un asunto, poner en claro algo, aclarar algo, dilucidar un asunto
Por favor, si alguien puede arrojar luz sobre este asunto, que lo haga.

Licht • sich ins rechte Licht setzen
hacer valer las cualidades de uno, saberse vender (col)
Tu problema en las entrevistas de trabajo es que eres demasiado tímido y no te sabes vender.

Licht • Man soll sein Licht nicht unter den Scheffel stellen. (prov)
Uno debe hacer valer sus méritos.

Licht • das Licht scheuen / ein lichtscheues Element sein
ser un elemento de cuidado (col), ser un canalla
No te fíes para nada de Quique porque es un elemento de cuidado.

Lichtblick • ein Lichtblick sein
ser un rayo de luz, ser un rayo de esperanza
Su llegada ha sido un rayo de esperanza en nuestras vidas.

Lichte • bei Lichte besehen
mirándolo bien, considerándolo bien, al fin y al cabo
Mirándolo bien no es mala idea que salgamos ya de viaje el domingo por la noche.

Liebe • Liebe geht durch den Magen. (prov)
El amor entra por el estómago.

Liebe • Liebe heilt Zeit, und Zeit heilt Liebe. (prov)
El tiempo lo cura todo. (prov)

Liebe • Eine Liebe ist der anderen wert. (prov)
Amor con amor se paga. (prov)

Liebe • Liebe macht blind. (prov)
El amor es ciego. (prov)

Liebe • Alte Liebe rostet nicht. (prov)
Los viejos amores nunca mueren.

Liebe • In der Liebe und im Krieg sind alle Mittel recht. (prov)
En el amor y en la guerra todo vale.

Lied • Davon kann ich ein Lied singen!
¡Lo sé de sobra! / ¡Lo sé por experiencia (propia)!

liegen • Damit liegst du richtig!
¡En eso tienes razón! / ¡Eso es!

Linie • keine klare Linie vertreten
no tener ninguna línea de actuación, cambiar constantemente de opinión
Mi jefe no tiene ninguna línea de actuación y cambia continuamente de opinión, así que todos en la oficina estamos ya medio locos.

linientreu • linientreu sein
ser fiel a la línea de un partido / de una institución (z.B. die Kirche)
El nuevo secretario general del PSOE ha pedido a todos los miembros que sean fieles a la línea del partido

links • etwas mit links machen
ser algo pan comido para alg. (col), estar algo chupado para alg. (col), hacer algo con mucha facilidad
Esto es pan comido para mí y en diez minutos seguro que ya he terminado.

Lippen • an jmds Lippen hängen
estar pendiente de los labios de alg., estar pendiente de las palabras de alg.
Estuve toda la noche pendiente de sus palabras. ¡Qué hombre más inteligente!

List • mit List und Tücke
ladina y solapadamente, taimadamente
Muchas de las cosas que tienes las has conseguido taimadamente y eso es algo que realmente no soporto.

Liste • eine schwarze Liste führen
tener una lista negra
Los jefes sindicales tienen una lista negra donde incluyen a los patronos que no han respetado los derechos de los trabajadores.

Litanei • eine lange Litanei von etwas
una retahíla, una letanía
El alumno soltó una retahíla de nombres de reyes y presidentes, pero no supo situarlos históricamente.

Loch • saufen wie ein Loch
beber como una esponja (col), beber como un cosaco (col)
Tendrías que hablar en serio con Guillermo para que deje de beber como un cosaco e intente resolver sus problemas de otra forma.

Loch • ein Loch aufreißen, um ein anderes zu stopfen
desnudar a un santo para vestir a otro (col)
Acortar el presupuesto para la educación para aumentar el dedicado a la salud es desnudar a un santo para vestir a otro.

Loch • jmd ein Loch in den Bauch fragen
volver loco a alg. a / con preguntas (col), bombardear a alg. a / con preguntas (col)
Me bombardeó con preguntas de todo tipo hasta volverme casi loca.

Loch • auf dem letzten Loch pfeifen
estar en las últimas (col)
Este despertador está ya en las últimas y un día de estos no va a sonar por la mañana.
El enfermo de la cama siete está ya en las últimas y no creo que llegue a mañana.

Löcher • Löcher in die Luft starren
estar en las nubes, estar en Babia (col), estar ido (col)
Hace ya unos días que siempre está en las nubes y no se entera de nada de lo que le digo.

Löffel • (nicht) mit einem goldenen Löffel zur Welt gekommen sein
(no) proceder de buena cuna
Procede de buena cuna y todas las puertas se le abren a su paso.

Lorbeeren • sich auf seinen Lorbeeren ausruhen
dormirse en los laureles (col)
Ahora no puedes dormirte en los laureles, tienes que seguir rindiendo al máximo hasta final de curso.

loslegen • loslegen mit etwas
poner manos a la obra (col), empezar algo
Si quieres revisar hoy todos los periódicos viejos, tienes que empezar ya.

loswerden • etwas loswerden wollen (von der Seele reden)
querer desahogarse, querer abrir su pecho, querer abrirle el corazón a alg.
Se le notaba que quería desahogarse con nosotros, pero le costó muchísimo empezar a hablar.

Lot • wieder ins Lot bringen
equilibrar, arreglar, allanar, zanjar
Ya han intentado varias veces arreglar su relación, pero parece que no hay ninguna solución.

Lotto • Du hast wohl im Lotto gewonnen!
¿Te ha tocado la lotería?

Luchs • wie ein Luchs (aufpassen)
vigilar como un lince
El nuevo guarda de estos almacenes vigila como un lince para evitar los pequeños hurtos.

Lückenbüßer • der Lückenbüßer sein
ser el suplente, ser el sustituto
¡Ya estoy harto de ser sólo el sustituto!

Luft • dicke Luft
mal ambiente, ambiente cargado
Por favor, abre las ventanas que está el ambiente muy cargado.
El ambiente estaba muy cargado después de haberse peleado los recién casados delante de todos los invitados.

Luft • Die Luft ist rein!
¡No hay moros en la costa! (col) / ¡No hay ropa tendida! (col)

Luft • sich in Luft auflösen
desvanecerse, desaparecer por completo
José Carlos ha desaparecido por completo de nuestras vidas desde que mi marido le dijo que estaba harto de que siempre se aprovechara de nosotros.

Luft • aus der Luft gegriffen sein
ser pura invención, existir sólo en la imaginación
Las ideas que aparecen en sus novelas son pura invención y no tienen nada que ver con la realidad.

Luft • von Luft und Liebe leben
vivir / mantenerse del aire (col), vivir de milagro (col)
Que yo sepa, no ha trabajado nunca ni su familia es rica; así que debe de vivir del aire.

Luft • in der Luft hängen
estar / quedar en el aire (col) / en suspenso (col)
El proyecto para la construcción de una nueva autovía está en el aire por falta de medios.

Luft • seinen Gefühlen Luft machen
desahogarse
Después de varios días sin decir nada por fin se desahogó y me contó durante dos horas los problemas que tiene con su pareja.

Luft • in der Luft liegen
haber algo en el aire / en el ambiente (col)
Sabía que aquella noche íbamos a tener problemas: había algo extraño en el ambiente.

Luftschlösser • Luftschlösser bauen
construir / hacer castillos en el aire (col)
Estudiad ahora y no construyáis castillos en el aire tan pronto: cuando aprobéis los exámenes ya tendréis tiempo de pensar en vuestros planes de vacaciones.

lügen • Wer einmal lügt, dem glaubt man nicht, auch wenn er dann die Wahrheit spricht. (prov)
El que por los codos miente, a la postre se resiente. (prov) / No se cree nunca al que mintió una vez. (prov)

lumpen • sich nicht lumpen lassen
ser rumboso (col), no ser cutre, no reparar / ahorrar en gastos, no ser mezquino
La verdad es que no reparan en gastos y siempre dan fiestas por todo lo alto.

Lunge • die grüne Lunge
el pulmón de la ciudad
El Parque del Retiro y la Casa de Campo son los pulmones de Madrid.

Lunge • sich die Lunge aus dem Hals schreien
gritar a todo pulmón / a pleno pulmón
Mi equipo de fútbol no tiene tanto presupuesto ni tantas estrellas como el Real Madrid o el Barcelona, pero en el campo gritamos a pleno pulmón para animarlo y el ambiente es único.

Lupe • unter die Lupe nehmen
mirar / examinar algo / a alg. con lupa (col) / de cerca, examinar algo / a alg. detenidamente
Hemos examinado el proyecto con lupa y no hemos encontrado ningún aspecto negativo.

Lust • mit Lust und Liebe
de mil amores, con verdadero placer
Nuestro nuevo jefe es tan motivador y competente que todos trabajamos ahora en la empresa de mil amores.

Lust • ganz nach Lust und Laune
como te venga en gana, como te parezca (mejor), como mejor te venga / vaya
Puedes venir la próxima semana o la siguiente: como te venga en gana.

Mache • alles Mache
todo / puro teatro (col), todo / pura comedia (col)
Parece que es muy natural y desinteresada, pero es puro teatro: lo tiene todo muy bien pensado.

Mädchen • Mädchen für alles sein
ser chica / muchacha / criada para todo (col), valer lo mismo para un roto que para un descosido (col)
A Rosa la tienen de chica para todo en la oficina y le pagan muy mal: ¡una vergüenza!

Mädchen • ein spätes Mädchen sein
ser una solterona (col) / una que se ha quedado para vestir santos (col)
Nuestra tía es una solterona y no para de hablar mal de los hombres.

Mädchen • ein leichtes Mädchen sein
ser (una) chica fácil / ligera de cascos (col), ser (una) chica de costumbres relajadas
Esa es chica fácil, ha salido con casi todos los chicos del barrio.

Made • wie die Made im Speck leben
vivir a cuerpo de rey (col), vivir en Jauja (col)
Con su familia vive a cuerpo de rey, por eso no quiere irse de casa a pesar de haber cumplido ya los cuarenta.

Magen • Das liegt mir im Magen
<u>Essen:</u> me pesa en el estómago (col), tengo el estómago pesado (col)
<u>Angelegenheit:</u> me preocupa mucho, lo tengo atravesado (col)
<u>Menschen:</u> tener a alg. atravesado (col) / (a)sentado en el estómago (col)
Ese asunto lo tengo atravesado y no me lo puedo quitar de la cabeza.

Magen • der Magen knurrt
Me crujen / suenan las tripas. (col)

Magen • jmd dreht sich der Magen um
revolvérsele a alg. el estómago (col), revolverle una cosa el estómago a alg. (col)
Las injusticias que se comenten en el Tercer Mundo me revuelven el estómago.

Mahlzeit • Prost Mahlzeit!
¡Estamos frescos / listos / aviados! (col) / ¡Me rindo! (col)

Mann • der Buh-Mann sein
ser el cabeza de turco (col), ser el chivo expiatorio (col)
Javier fue el cabeza de turco de los errores cometidos en la empresa por sus compañeros.

Mann • ein Mann, ein Wort
palabra de honor, ser (un) hombre de palabra, ser de fiar, Del hombre es cumplir. (prov)
No te preocupes, soy hombre de palabra.

Mann • etwas an den Mann bringen
deshacerse / desembarazarse de algo (col), dar salida a algo, colocar algo
Esperamos poder dar salida a la mercancía en las próximas semanas: es importantísimo que nos deshagamos de ella antes de que lleguen los nuevos modelos.

Mann • mit Mann und Maus (untergehen)
(irse a pique) con toda la tripulación (col)
La empresa se fue a pique con toda la tripulación.

Mann • ein gemachter Mann sein
ser un hombre de provecho / de éxito / de fortuna, hacer (su) fortuna
Después de muchos intentos consiguió hacer fortuna.

Mann • Mann(s) genug sein
ser lo bastante hombre (col), ser lo bastante macho (politisch nicht korrekt), tener los cojones bien puestos (vulg)
Si no eres lo bastante hombre para hacer frente a tus problemas, es mejor que me vaya.

Männchen • Männchen machen
arrastrase por alg. / algo (col)
No pienso arrastrarme por un puesto ni por nadie, así que ya pueden buscarse a otro.

Manschetten • Manschetten vor etwas / jmd haben
tener miedo a algo / alg., tener repelús a algo / alg. (col), estar muerto de miedo (por algo / alg.) (col)
Tiene miedo a quedarse solo en casa.

Mantel • den Mantel christlicher Nächstenliebe über etwas breiten
echar un capote a alg. (col)
Tu actitud es muy cómoda. Siempre estás esperando que los demás te echen un capote.

Märchen • Erzähl keine Märchen!
¡No (me) cuentes cuentos (chinos)! (col) / ¡No (me) cuentes historias! (col) / ¡Cuéntaselo a otro! (col) / ¡A otro perro con ese hueso! (col)

Mark • jmd bis ins Mark treffen
llegar al alma (col) / al corazón (col)
La muerte de su mejor amigo le llegó al alma.

Masche • Das ist die neueste Masche.
Es el último truco.

Maschen • durch die Maschen schlüpfen
escurrir el bulto (col), escurrirse (col) / escabullirse (col)
No sé cómo lo hace, pero siempre consigue escabullirse a pesar del acoso periodístico.

Maske • jmd die Maske vom Gesicht reißen
desenmascarar a alg., quitarle a alg. la máscara
Desenmascararon al espía rápidamente y así evitaron males mayores.

Masse • die graue Masse
la plebe, el vulgo, el populacho
Los políticos alimentan conscientemente con demagogia a la plebe.
FA: materia gris: die grauen Zellen

Maß • mit zweierlei Maß messen
usar dos varas de medir (col), usar un doble rasero (col)
Frecuentemente se utiliza un doble rasero para los delitos económicos.

Maßstab • einen hohen / strengen Maßstab anlegen
poner el listón muy alto (col), aplicar un criterio estricto
La presión de los medios de comunicación influye a veces en la aplicación de un criterio más o menos estricto por parte de los jueces.

Mattscheibe • eine Mattscheibe haben / kriegen
estar ido (col) / ausente, estar en las nubes (col), estar en Babia (col)
Disculpe que olvidara llamarle, pero ayer tuve un día tonto y estaba un poco ido.

Mauerblümchen • ein Mauerblümchen sein
comer pavo (col), ser el patito feo (col)
Se pasó toda la recepción en una esquina más solo que la una, le tocó comer pavo.

Maul • jmd das Maul / den Mund stopfen
tapar(le) la boca a alg. (col), cerrarle el pico a alg. (col)
Ella les tapó la boca antes de que le dieran más excusas.

Maul • sich das Maul über etwas zerreißen
hablar mal de algo / alg., despotricar sobre algo / alg. (col)
Estuvo despotricando sobre los políticos durante toda la mañana.

Maulaffen • Maulaffen feilhalten
tocarse las narices (col), papar moscas (col), rascarse la barriga (col), rascarse / tocarse los cojones (vulg)
Estuvo tocándose las narices mientras los demás trabajábamos.

maulfaul • maulfaul sein
no abrir el pico (col), no decir ni pío (col) / ni mu (col), ser parco en palabras, ser taciturno, ser una persona de pocas palabras, hablar poco
Son tan parcos en palabras que su cortesía resulta falsa y hueca.

Maulkorb • jmd einen Maulkorb verpassen
ponerle un bozal a alg. (col)
El entrenador les ha puesto un bozal a los jugadores para que no revelen el planteamiento de los partidos.

Maus • da beißt die Maus kein' Faden ab
¡Está (más) claro (que el agua)! (col) / ¡No hay quien lo niegue! / ¡Sin duda! / ¡Se acabó! (col) / ¡Así no más! (Lam)

Mauseloch • sich ins Mauseloch verkriechen
retirarse al último rincón / perderse en el último rincón / (querer) que le trague a uno la tierra (col)
Cuando me di cuenta de que me había equivocado, quería perderme en el último rincón del planeta.

Mäusemelken • Das ist zum Mäusemelken!
¡Es para volverse loco! (col) / ¡Es para desesperarse! / Es desesperante!

mausern • sich mausern
Menschen: crecer, desarrollarse
Dinge: progresar, avanzar
El nuevo capítulo progresa sin dificultad, es casi como si me lo estuvieran dictando.

mausetot • mausetot sein
estar muerto y bien muerto (col) / y requetemuerto (col), estar fiambre (col), estar tieso / muerto como un palo (col)
Al final de la película el vampiro estaba muerto y bien muerto.

Mäuschen • Mäuschen spielen mögen
gustar / querer mirar / ver por un agujerito (col), picar(le) la curiosidad a alg.
Me gustaría mirar por un agujerito y ver qué están haciendo ahora mismo.

Meilen • drei Meilen gegen den Wind stinken
(poder) olerse / verse a la legua (col) / a distancia (col)
Todo esto es muy raro: se puede oler a la legua que hay gato encerrado.

Meister • seinen Meister finden
encontrar / hallar la horma de su zapato (col)
No hay duda de que es un grandísimo campeón, pero tarde o temprano encontrará la horma de su zapato.

Meister • Es ist noch kein Meister vom Himmel gefallen. (prov)
Nadie nace sabiendo. (prov) / La práctica hace (al) maestro. (prov)

melden • nichts zu melden haben
no pintar nada (col) / no contar para nada (col)
En mi nueva empresa no pinto nada, simplemente tengo que hacer mi trabajo y nada más.

Menschenseele • keine Menschenseele
no haber (ni) un alma (viviente) (col), no haber ni Dios (col) / ni Cristo (col)
Hicimos una excursión por los montes y no había ni un alma por allí: no nos encontramos a nadie en todo el día.

Messer • unters Messer kommen
pasar por (el) quirófano (col)
Ha pasado ya dos veces por el quirófano: la lesión es más seria de lo que creían.

Messer • jmd ans Messer liefern
mandar / enviar a alg. al matadero (col), vender / denunciar a alg.
En cada guerra se envía al matadero a soldados que, en su mayor parte, pertenecen a las clases más desfavorecidas.

Miene • mit eisiger Miene
con una expresión / mirada helada
Me recibe siempre con una expresión helada: no puede ocultar que le caigo fatal.

Miene • gute Miene zu bösem Spiel machen
(poner) A mal tiempo, buena cara. (prov)
No te enfades, ya sabes que ante las dificultades es mejor no pensar demasiado en los problemas y simplemente hacer lo que tenemos que hacer; así pues: ¡a mal tiempo, (pongámosle) buena cara!

Miene • keine Miene verziehen
sin pestañear
Nos han dicho que lo mejor es trabajar sin pestañear para evitar problemas con el jefe.
Después de veinte años trabajando juntos, me dijo sin pestañear que prescindía de mí.

Miete • Das ist schon die halbe Miete!
¡Tengo / Tienes / Tiene / Tenemos ... la batalla medio ganada! (col)
¡Con el trabajo que habéis hecho ya tenéis la batalla medio ganada!

Milchgesicht • ein Milchgesicht sein
ser un crío (col) / un pollito / un imberbe (col) / un chaval (col)
Es aún un crío, tiene todavía mucho que aprender.

Milchmädchenrechnung
la cuenta / el cuento de la lechera (col)
Es incapaz de calcular un presupuesto realista, siempre le sale la cuenta de la lechera.

Minna • die grüne Minna
la lechera (col)
Durante la manifestación aparecieron cuatro lecheras y todos nos echamos a correr.

minus • minus machen
tener pérdidas, estar en números rojos
Siempre he evitado usar demasiado las tarjetas para no entrar en números rojos.

Minute • in letzter Minute
en el último minuto, a última hora, en el último momento
Siempre haces todo a última hora y por eso vas estresado por la vida.

mir • Wie du mir, so ich dir. (prov)
Donde las dan las toman. (prov) / Haces mal, espera otro tal. (prov) / Ojo por ojo y diente por diente. (prov)

mir • mir nichts, dir nichts
sin más ni más (col), de buenas a primeras (col), así no más (Lam), descaradamente (col), con descaro (col), con toda la cara (col), con todo el morro (col)
Llego a las tantas y, sin más ni más, me preguntó que dónde estaba la cena.

Mist • Das ist nicht auf seinem Mist gewachsen.
No es de su propia cosecha. / No es lechuga de su huerto.

mitgehen • etwas mitgehen lassen
mangar (col), birlar (col), afanar (col), soplar (col), levantar (col), chorizar (vulg), choricear (vulg)
Me olvidé el móvil encima de la mesa y me lo mangaron.

Mitte • ab durch die Mitte
¡(Todo) derechito! / ¡Adelante! / ¡Venga! / ¡Vamos! ¡Lárgate! (col)

Moment • einen lichten Moment haben
tener un momento de lucidez / inspiración
Tuve un momento de lucidez y me di cuenta de repente de todos los errores cometidos.

Mond • jmd auf den Mond schießen wollen
(gustar / querer) mandar a alg. a freír espárragos (col) / a freír monas (col) / al diablo (col) / a hacer puñetas (vulg) / a hacer gárgaras
Los niños me tenían tan harto que me habría gustado mandarlos a freír espárragos.

Moral • die Moral von der Geschicht'
la moraleja (col)
La moraleja de la historia es que uno no debe decir mentiras.

Mord • Mord und Totschlag
¡Aqui va a haber muertos (col) / más que palabras!, correr ríos de sangre (col), armarse una bronca de padre y muy señor mío (col)
Como no me den una explicación satisfactoria, van a correr ríos de sangre.

Mordshunger • einen Mordshunger haben
estar muerto de hambre (col), tener un hambre feroz / canina (col)
Desde que dejé de fumar tengo un hambre feroz.

Mordskerl • ein Mordskerl sein
ser un hombre / una mujer que puede con todo / que sabe hacer de todo, ser un gran tipo / cojonudo (vulg)
Es una mujer impresionante que puede con todo y sabe hacer de todo: toca el piano, pinta muy bien, publica libros, trabaja en una empresa y es también madre de dos niños.

Mordsspaß • einen Mordsspaß haben
pasárselo de muerte (col) / bomba (col) / a tope (col), pasárselo pipa (col) / en grande (col) / de puta madre (vulg)
El público se lo pasó en grande con las ocurrencias y las canciones de Les Luthiers, que volvieron a llenar el teatro.

Mores • jmd Mores lehren
enseñar modales / maneras a alg.
¡Yo le enseñaré modales a ése!

Morgen • Morgen, morgen, nur nicht heute, sagen alle faulen Leute. (prov)
No dejes para mañana lo que puedas hacer hoy. (prov)

Morgenstund • Morgenstund(e) hat Gold im Mund(e). (prov)
A quien / Al que madruga, Dios le ayuda. (prov)

Morpheus • in Morpheus Armen ruhen
estar en (los) brazos de Morfeo (col), estar frito (col) / sopa (col), dormir como un angelito (col)
Cuando nos levantamos para preparar el viaje los niños dormían como angelitos.

Motten • von etwas angezogen sein, wie die Motten vom Licht
sentirse atraído por algo como las moscas por la miel (col)
Tiene el don de concebir ideas que atraen a todos como la miel a las moscas.

Mücke • aus einer Mücke einen Elefanten machen
hacer de algo una montaña (col), hacer de una pulga un camello (col)
No es tan difícil como parece si uno no hace de ello una montaña.

Mücke • die Mücke machen
despedirse a la francesa (col), largarse (col), pirarse (col), rajarse (Lam)
Se despidió a la francesa, es decir: no dijo nada y desapareció.
¡Pírate ya de una vez!

mucksmäuschenstill
sin atreverse a abrir la boca / a decir ni pío (col), sin decir esta boca es mía (col), sin decir ni mu (col)
Después de la bronca que nos echó estuvimos dos horas sin atrevernos a abrir la boca.

Mühlrad • wie ein Mühlrad im Kopf herumgehen
(no parar de) darle vueltas a algo (en la cabeza) (col)
Esta semana no he parado de darle vueltas a lo que me dijiste el otro día.

Mühlstein • wie ein Mühlstein am Halse hängen
llevar una / la cruz a cuestas (col), cargar con un / el muerto (col)
Como nadie sabe hacerlo, nos ha tocado cargar con el muerto y ahora tenemos que resolver el problema nosotros solos.

Mund • jmd über den Mund fahren
interrumpir a alg. / cortar a alg. (col)
Por favor, no me cortes otra vez cuando esté hablando.

Mund • sich den Mund fusselig reden
hablar por los codos (col)
Lo único que hace para resolver los problemas es hablar por los codos, pero nunca mueve un dedo.

Mund • nicht auf den Mund gefallen sein
tener labia (col), ser un pico de oro (col)
Es un pico de oro y siempre termina convenciéndonos de que tiene razón.

Mund • einen großen Mund haben
ser un bocazas (col) / un descarado (col)
Eres un bocazas que no sabe estarse callado.
Su nuevo novio es un bocazas, un descarado que no sabe medir sus palabras.

Mund • den Mund halten
cerrar la boca / el pico (col), callar(se), meterse la lengua donde a uno le quepa (vulg)
¡Callate ya de una vez! Cierra el pico, que si no te lo cierro yo.

Mund • jmd nach dem Mund reden
regalar a alg. los oídos (col), decir lo que quiere oír otra persona, hablar al gusto de alg.
No entiendo por qué dices lo que los demás quieren oír. ¿No tienes opinión propia?

Mund • in aller Munde sein
andar / estar en boca de todos (col), andar de boca en boca (col)
El follón que montaron en plena calle andaba ya en boca de todos al día siguiente.

Mund • Mund und Nase aufsperren
abrir la boca de par en par (col), quedar boquiabierto
Cuando le dije la verdad se quedó boquiabierto.

Mund • sich den Mund verbrennen
ofender a alg. en su amor propio, decir un disparate, hacer / tirarse una plancha (col)
Creo que he dicho un disparate y a lo mejor le he ofendido en su amor propio: ¡espero que no me lo tome a mal!

Mund • jmd den Mund wässrig machen
hacérsele a alg. la boca agua (col)
Con las primeras páginas se me hizo la boca agua, y ya no pude parar de leer hasta que terminé el libro.

Mund • den Mund zu voll nehmen

fanfarronear (de algo) (col), tirarse un pegote (col) / el moco (con algo) (col), hacer alarde (de algo)
Ha estado fanfarroneando de lo que sabe hacer y lo poco que le cuesta, pero yo no estoy seguro de que tenga tiempo de terminarlo todo a tiempo.

Münze • etwas für bare Münze nehmen

dar algo por hecho, tomar algo en serio
Ella da por hecho todo lo que él dice, aunque luego no sea verdad.
Si eres siempre tan bromista, no tendría que extrañarte que no te tomen en serio.

Münze • mit gleicher Münze zurückzahlen

pagar con / en la misma moneda (col)
Como no me deja dormir la siesta, le pago con la misma moneda y lo llamo por las mañanas muy temprano.

Murmeltier • schlafen wie ein Murmeltier

dormir como un lirón (col) / como una marmota (col)
Seguro que no consigues despertarla porque duerme como un lirón.

Muse • von der Muse geküsst werden

estar tocado por la(s) musa(s), soplarle a uno la musa
Está tocado por las musas: sabe tocar cinco instrumentos perfectamente.

Musik • Hier (Vorn) spielt die Musik!

¡Ojo(, por favor)! / ¡Atención(, por favor)!

Musik • Das ist Musik in meinen Ohren!

¡(A mí) me suena a música celestial! / ¡(A mí) me suena a gloria (bendita)!

Musik • Musik im Blut haben

llevar la música en la sangre
Todos en su familia tocan algún instrumento, así que él lleva la música en la sangre.

Mustopf • aus dem Mustopf kommen

venir / ser de otro planeta (col)
Debe de venir usted de otro planeta si cree que tiene alguna posibilidad de hacer este trabajo.

Müßiggang • Müßiggang ist aller Laster Anfang. (prov)
La ociosidad es (la) madre de todos los vicios. (prov)

Mut • den Mut nicht sinken lassen
no perder el ánimo / la esperanza, no decaer, mantener el ánimo, no desanimarse, no desalentarse
Entiendo el disgusto, pero no hay que perder el ánimo; si no, estamos perdidos .
¡Que no decaiga!

Mütchen • an jmd sein Mütchen kühlen
ensañarse con alg., desahogar / descargar su cólera en / contra alg. (col)
Aunque te haya salido mal este trabajo, no debes ensañarte con tus compañeros.

mutig • Dem Mutigen gehört die Welt. (prov)
Viene la ventura a quien la procura. (prov) / A los audaces la fortuna ayuda. (prov)

Mutter • Mit der Mutter soll beginnen, wer die Tochter will gewinnen. (prov)
Para conseguir a la hija, hay que empezar por ganarse a la madre.

Muttermilch • etwas mit der Muttermilch einsaugen
mamar algo desde pequeño (col) / desde la más tierna infancia (col)
Escribe muy bien porque lo mamó desde pequeño, ya que sus padres son profesores.

mutterseelenallein
(estar) más solo que la una (col)
Después de renunciar a todas sus amigas está más sola que la una.

nachsagen • Das lass ich mir nicht nachsagen!
No consiento que digan eso de mí / que se diga eso de mí.

Nachspiel • ein Nachspiel haben
traer cola (col), tener consecuencias graves / indeseables
Las intrigas de algunos directivos han tenido consecuencias graves al hacerse públicas.

Nacht • bei Nacht und Nebel
al amparo de la noche, en medio de la noche
Robaron en varios locales en medio de la noche.
Er floh bei ...: Huyó al amparo de la noche.

Nacht • hässlich wie die Nacht sein
ser más feo que Picio (col) / que pegar a su padre (col) / que cagar (vulg)
¿Has visto a su novio? Es más feo que Picio, así que será un encanto, porque si no ...

Nacht • sich die Nacht um die Ohren schlagen
feiern: pasar la noche de juerga / de marcha (col) / de parranda
nachts studieren: quemarse las pestañas (estudiando por la noche), pasar la noche en blanco (estudiando) (col)
Raubbau mit seiner Gesundheit treiben: hacer de la noche día (col)
Me he pasado el fin de semana quemándome las pestañas para preparar el examen y ahora estoy hecho polvo.

Nacht • eine Nacht über etwas schlafen
consultarlo con la almohada (col)
Después de consultarlo con la almohada aún estaba más seguro de mí decisión.

Nachtigall • Nachtigall ick hör dir trapsen!
¡Te conozco bacalao aunque vengas disfraza(d)o! (col) ¡Te conozco cazón por lo que raspas! (col)

Nagel • etwas an den Nagel hängen
colgar los hábitos (col), tirar la toalla (col)
Después de pasarse un año escribiendo una novela, la tiró a la papelera y empezó otra.

Nagel • den Nagel auf den Kopf treffen

einen Punkt genau treffen: dar en el clavo (col)
Al decir que nos falta motivación has dado en el clavo. Últimamente el trabajo está convirtiéndose en algo rutinario.

eine Person mit Kritik treffen: poner / meter el dedo en la llaga (col)
Al decirle que no ayuda nada en casa has metido el dedo en la llaga: es su peor defecto.

Nagel • der Nagel zum Sarg sein

cavar(se) su propia tumba (col)
No tendrá éxito en los negocios: subiendo excesivamente los precios se está cavando su propia tumba.

Nägel • Nägel mit Köpfen machen

hacer las cosas como Dios manda (col)
¡Hagamos las cosas como Dios manda!

Nägel • etwas brennt auf den Nägeln

(algo) es un asunto urgente / urge muchísimo / corre prisa
El asunto más urgente en esta empresa es la optimización de la calidad.

Nähkästchen • aus dem Nähkästchen plaudern

irse de la lengua (col), contar secretos / intimidades
Lo que te voy a contar sólo nos interesa a nosotros, así que no te vayas de la lengua.

Nahrung • geistige Nahrung
alimento espiritual
La insatisfacción se debe a que echa de menos en su trabajo el alimento espiritual.

Name • Mein Name ist Hase.
¡Yo qué sé! / ¡Me llamo andana! (ant) / ¡Ni puta idea! (vulg)

Narr • Ein Narr spricht, der Kluge denkt. (prov)
Antes de hablar, has de pensar. (prov) / Quien mucho habla, mucho hierra. (prov)

Nase • die Nase voll haben
estar hasta las narices (col), estar hasta la coronilla (col), estar hasta las tetas (vulg) / el coño (vulg) / los cojones (vulg) / los huevos (vulg)
No puedo seguir aguantándolo. Estoy hasta las narices (de él).

Nase • mit der Nase auf etwas gestoßen werden
darse de narices con algo / alg. (col), ver algo con los propios ojos (col)
Teo no se da cuenta de los líos en que se mete hasta que (no) se da de narices con los problemas.

Nase • jmd etwas auf die Nase binden
etwas verraten: irse de la lengua (col), revelar un secreto
jemanden foppen: dar (a alg.) gato por liebre (col), pegársela a alg. (col)
¿Cómo has sabido que llegaba hoy si era una sorpresa? ¿Quién se ha ido de la lengua?

Nase • sich an seine eigene Nase fassen
no meter uno las narices donde no le llaman (col), no meterse uno en lo que no le importa (col)
No metas las narices donde no te llaman: ocúpate de tus propios asuntos antes de dar consejos a los demás.

Nase • eine Nase für etwas haben
tener (buen) olfato para algo (col)
Tiene buen olfato para los negocios. Cada inversión que hace es un éxito seguro.

Nase • jmd vor die Nase gesetzt bekommen
ponerle a una persona alg. por encima
A Manuel le molestó mucho que pusieran a José por encima de él en el organigrama.

Nase • jmd auf der Nase herumtanzen
torear a alg. (col), hacer con alg. lo que uno quiere
Me da mucha pena porque lo torean como quieren.

Nase • seine Nase in alles stecken
meter las narices en todo (col)
No sé por qué siempre estás metiendo las narices en asuntos que no te incumben.

Nase • auf der Nase liegen
estar enfermo
El fin de semana estuve enfermo y no salí de casa.

Nase • jmd eine lange Nase machen
dejar a alg. con un palmo de narices (col), dar higas a alg. (col)
Quedaron en ir juntos al concierto, pero pasaron delante de él a toda velocidad y lo dejaron allí solo con un palmo de narices.

Nase • nicht weiter als seine Nase sehen
no ver más allá de sus (propias) narices (col)
No te recomiendo que trabajes con él porque no ve más allá de sus narices.

Nasenlängen • um Nasenlängen voraus sein
sacar(le) media / una cabeza de ventaja a alg. (col)
La filial de Barcelona nos lleva media cabeza de ventaja: ¡tenemos que espabilar!

nehmen • Woher nehmen wenn nicht stehlen?
De donde no hay no se puede. (col)

Neid • gelb vor Neid sein
morirse de envidia, estar verde de envidia (col), quedarse mudo de envidia (col), comérsele a uno la envidia (col)
Se van a quedar mudos de envidia cuando vean el balance económico del año.

Neid • Das muss der Neid ihm lassen!
Eso hay que reconocerlo (y no hay envidia que valga).
Es muy atractivo, eso hay que reconocérselo y no hay envidia que valga.

Neid • vor Neid platzen
reventar de envidia (col), morirse de envidia
Cuando vi el balance económico que habían logrado ellos casi reviento de envidia.

Nenner • etwas auf einen Nenner bringen
ponerse de acuerdo en una denominación común / una formulación
Al final todos los investigadores se pusieron de acuerdo en una denominación común.

Nerven • die Nerven verlieren / durchgehen
perder los nervios / los estribos / el dominio de sí mismo / la paciencia
Al ver cómo se comportaban muchos de los invitados, los echó a todos a gritos.

Nerven • Nerven wie Drahtseile haben
tener (unos) nervios de acero
El abuelo tiene unos nervios de acero: ha soportado sin inmutarse y sonriente todo tipo de problemas y desgracias, además de sacar adelante a una familia numerosa.

Nervensäge • eine Nervensäge sein
ser un pelmazo (col) / un pesa(d)o (col) / un plomo (col) / un coñazo (vulg)
Tu amigo es un pelmazo insoportable, siempre anda repitiendo las mismas cosas: parece un disco rayado.

Nesseln • sich in die Nesseln setzen
meterse en un buen lío (col), liarla (bien liada) (col), hacerla buena (col), meterse en camisa de once varas (col), cagarla (vulg)
Nos vas a meter en un buen lío, si te empeñas en arreglar los problemas por las malas.
¡Ay, madre mía, buena la hemos hecho!

neugeboren • sich wie neugeboren fühlen
sentirse como nuevo, sentirse rejuvenecido, sentirse (como) otro hombre / otra mujer / otra persona
Después de terminar los estudios me sentí como nuevo.

nichts • für nichts und wieder nichts
por nada, sin motivo alguno, por una nadería
Lo echó a la calle sin motivo alguno, por una nadería.

nichts • aus dem Nichts auftauchen
surgir / salir de la nada
Saliendo de la nada amasó una gran fortuna y montó un imperio financiero.

nichts • nach nichts aussehen
no parecer nada del otro mundo (col)
Es alg. que no parece nada del otro mundo y, sin embargo, es un verdadero genio.

nichts • Von nichts kommt nichts.
Quien no se arriesga no pasa la mar. (prov) / Quien no arriesga no gana. (prov)

nichts • vor dem Nichts stehen
hallarse / estar al borde del abismo / de la ruina
Nuestra empresa está al borde de la ruina.

nichts • Nichts für ungut!
¡No se lo tome usted a mal! / a pecho / ¡No te lo tomes a mal / a pecho! / ¡Sin ánimo de ofender!

nie • Man soll niemals nie sagen.
No diga(s) nunca nunca jamás.

niet • alles, was nicht niet- und nagelfest ist
todo lo que se puede coger / pillar, arramplar con todo (col)
Con la superoferta de apertura de la nueva tienda me llevé todo lo que pude coger.

Nimmerleinstag • am Sankt Nimmerleinstag
el día de San Jamás (col), la semana que no tenga viernes
Estoy harto de hablar de eso; ¿por qué no lo dejamos para la semana que no tenga viernes.

Not • wenn Not am Mann ist
en caso de urgencia / de apuro, en último caso, en última instancia, en el peor de los casos
En caso de apuro podemos recurrir a ella y siempre nos dará un buen consejo.

Not • aus der Not eine Tugend machen
hacer de tripas corazón (col), hacer de la necesidad virtud
Se nos estropeó el coche en plenas vacaciones, pero hicimos de tripas corazón y nos lo pasamos muy bien haciendo senderismo y recorridos en bicicleta durante unos días.

Not • in der Not frisst der Teufel Fliegen
A falta de pan, buenas son tortas. (prov)

Not • Not macht erfinderisch. (prov)
La necesidad agudiza el ingenio. (prov) / La necesidad tiene cara de hereje. (prov) / La necesidad hace maestro. (prov) / Hombre pobre, todo es trazas. (prov)

Notgroschen • einen Notgroschen haben
tener unos duros / unas monedas
Como estaba sin un duro y yo tenía unas monedas, le invité a tomar algo.

Null • eine Null sein
ser una nulidad / un cero a la izquierda (col)
No me extraña que se haya arruinado, porque como empresario es una nulidad.

Nullpunkt • auf dem Nullpunkt angekommen sein
tocar fondo
Parece que su matrimonio ha tocado fondo y no hay otra solución que el divorcio.

Nummer • auf Nummer Sicher gehen
para mayor seguridad, para estar seguro, para asegurarme
Antes de ir a reclamar el premio, miré varias veces el número para estar seguro.

ob • Und ob!
¡Ya lo creo! / ¡Y tanto! / ¡Y tan + Adjektiv!
¿Descansasteis en vacaciones? – ¡Y tanto!
¿Fue tan grave el accidente? – ¡Y tan grave!

oben • Mir steht es bis oben.
Estoy hasta la coronilla (col) / hasta las narices (de algo o alg.). (col) /
Estoy hasta los cojones (vulg) / hasta el coño (vulg) / hasta las tetas (vulg) /
hasta el culo (de algo o alg.). (vulg)
Estoy hasta la coronilla de hacer siempre lo mismo.
Estoy hasta las narices de sus preguntitas.
Estoy hasta los cojones de Joaquín.

oben • das Oberste zuunterst kehren
poner algo patas arriba (col)
Una vez al año, justo antes de Navidad, pone la casa patas arriba.

Oberhand • die Oberhand gewinnen
<u>endgültig gewinnen:</u> triunfar sobre alg., vencer a alg.
Después de siglos de lucha Latinoamérica triunfó sobre la metrópoli y se independizó.
<u>im Begriff sein zu gewinnen:</u> ir / estar ganando, dominar la situación
En esta larga lucha, Latinoamérica está ganando ahora la batalla de la democracia.

Oberwasser • Oberwasser kriegen (haben)
llegar a / estar en aguas tranquilas (col) / ganar barlovento (col)
Parece que ha llegado a aguas tranquilas, después de un período turbulento en su vida.

Ofen • hinterm Ofen hocken
<u>häuslich sein:</u> ser (un) casero / (un) trashoguero (ant)
<u>faul / bequem werden:</u> apoltronarse
Es un casero: no hay manera de convencerlo para salir un fin de semana.
Desde que lo nombraron funcionario se ha apoltronado totalmente.

Ofen • sich nicht hinterm Ofen vorlocken lassen
no seducir / atraer algo a alg., no hacer(le) tilín algo a alg. (col)
Gracias por tu proposición, pero no me seduce la idea.

Ohr • sich aufs Ohr legen
echar(se) una cabezada (col) / cabezadita (col), planchar la oreja (col)
Estábamos tan cansados después de la caminata que nos echamos una cabezada.

Ohr • noch grün hinter den Ohren sein
estar todavía verde (col)
Todavía estoy verde para asumir tanta responsabilidad.

Ohr • ganz Ohr sein
ser todo oídos (col)
Cuéntame por fin cómo fue tu viaje a México: soy todo oídos.

Ohr • auf diesem Ohr taub sein
wörtlich: estar sordo de un oído
bildlich: hacer oídos sordos, no querer oír algo / una cosa, hacerse el sordo / sueco (col)
Cuando le dije lo que pensaba de su actitud hizo oídos sordos.
Siempre que llega la hora de pagar se hace el sueco.

Ohren • Mir klingen die Ohren.
Me pitan / suenan los oídos.

Ohren • jmd etwas um die Ohren hauen
calentar a alg. las orejas por algo (col), echarle una bronca a alg. por algo (col), cantarle a alg. las cuarenta por algo (col)
Le calentó las orejas por haber llegado tarde una vez más.

Ohren • jmd mit etwas in den Ohren liegen
dar la paliza / la murga / la tabarra a alg. con algo (col), dar el coñazo / la brasa a alg. con algo (vulg), importunar a alg. con algo
Siempre me importuna con sus estúpidos comentarios.
Me estuvo dando la paliza hasta que le prometí que le ayudaría.

Ohren • die Ohren offen halten
mantener los oídos bien abiertos, (man)tener la(s) antena(s) puesta(s) (col)
Mantén los oídos bien abiertos porque en los próximos días harán públicos los resultados.
Si no quieres que se enteren de tus asuntos habla más bajo, que aquí todo el mundo tiene las antenas puestas.

Ohren • tauben Ohren predigen
hablar(le) a la / una pared, predicar en (el) desierto, dar(le) música a un sordo, hablar al aire
Te he repetido mil veces que te laves las manos antes de comer, pero es como hablarle a una pared.

Ohren • mit den Ohren schlackern
quedarse boquiabierto / patidifuso / mudo, quedarse de piedra / de una pieza
Me quedé boquiabierto al oír los insultos que le decía el niño a su madre.

Ohren • die Ohren spitzen
aguzar / abrir los oídos / orejas
Alberto siempre aguza los oídos cuando oye hablar de Silvia.

Ohren • Halt die Ohren steif!
«¡Ánimo!»

Ohren • auf offene Ohren stoßen
encontrarse con alg. muy abierto / receptivo
Nos encontramos con gente muy abierta y no tuvimos ningún problema.

Ohren • seinen Ohren nicht trauen
no (poder) creer(se) lo que uno oye / está oyendo, no (poder) dar crédito a sus oídos / a lo que uno está oyendo
Cuando escuché las noticias de la catástrofe no podía creerme lo que estaba oyendo.

Ohren • sich über beide Ohren verlieben
enamorarse perdidamente / locamente, enamorarse hasta los tuétanos (col)
Mis padres se enamoraron perdidamente la primera vez que se vieron.

Öl • Öl ins Feuer gießen
echar leña al fuego (col), apagar el fuego con aceite (col)
Cállate de una vez y no eches más leña al fuego, que ya tienen bastantes problemas.

Ölgötze • wie ein Ölgötze dasitzen
estar como un pasmarote, papar moscas (col)
Él estaba allí como un pasmarote y no contribuyó con nada a resolver los problemas.
¡Deja de papar moscas y di algo!

Opfer • jmd / etwas zum Opfer fallen
ser víctima de alg. / algo, ser sacrificado a alg. / algo
Los países del Tercer Mundo son víctimas del progreso.

Orakel • in Orakeln sprechen
hablar como un oráculo, vaticinar
Deja ya de hablar como un oráculo, vaticinando esto y lo otro, porque no tienes ni idea.

Ordnung • Ordnung ist das halbe Leben. (prov)
El orden lo es todo.

Orgel • wie die Orgelpfeifen
en perfecta formación, como cañones de órgano
Cuando llegó el Príncipe Felipe las autoridades estaban allí esperando en perfecta formación, como cañones de órgano.

Ort • an Ort und Stelle
ahora mismo, al contado, al momento, aquí y ahora
No sabía que tenía que pagar ahora mismo, pero voy al banco y no hay problema.

Örtchen • aufs stille Örtchen gehen
ir al servicio / al lavabo / al baño (Lam) / al váter / al wáter / al excusado / al retrete / al tigre (vulg)
Si alg. quiere ir al servicio antes de continuar el viaje, que lo haga ahora.

Oskar • frech wie Oskar sein
ser más fresco que una lechuga, ser descarado, ser un frescales (col), tener (mucha) cara (col), tener la cara muy dura (col), ser un caradura (col), tener más cara que espalda (col)
Aunque tú creas que sí, el ser descarado no te va a llevar tan lejos como piensas.

Otto • Otto Normalverbraucher
el consumidor medio, el hombre de la calle
El consumidor medio no es alg. a quien le gusten las excentricidades.

Otto • den flotten Otto haben
tener diarrea / cagalera (vulg), tener el estómago descompuesto
Algunos turistas del hotel han tenido diarrea a causa de una comida con muchas especias que hicieron durante una excursión.

Paar • ein ungleiches Paar sein
ser una pareja desigual / desproporcionada
Aunque Ernesto y Luis son una pareja desigual, parecen entenderse muy bien.

paar • Du kriegst ein paar!
Te vas a llevar una (buena). (col)
Te vas a llevar un par si no tienes cuidado. (col)

Pack • Pack schlägt sich, Pack verträgt sich.
Sarna con gusto no pica. (prov)

Päckchen • sein Päckchen zu tragen haben
cada uno / cada cual lleva su cruz
No te hagas el mártir y no me agobies con tus quejas, que aquí cada cual lleva su cruz.

packen • Ich pack' das nie.
<u>nicht können / schaffen:</u> Nunca lo lograré / lo conseguiré.
<u>nicht verstehen:</u> Nunca lo entenderé.

packen • Pack dich!
«¡Fuera (de aquí)!» / «¡Vete (de aquí)!» / «¡Largo (de aquí)!» (col) / «¡Ya te estás marchando!» (col) / «¡Vete a paseo!» (col)

Packesel •Ich bin doch nicht dein Packesel!
«¡No soy tu bestia de carga!» / «¡No soy tu esclavo!»
A ver si dejas ya de exigir tanto, que no soy tu esclava ni tu madre.

Palme • jmd auf die Palme bringen
hacer que alg. se suba por las paredes (col), sacar a alg. de sus casillas (col), hacer que a alg. le hierva la sangre (col), encolerizar a alg.
Lo que le dijiste ayer hizo que se subiera por las paredes.
Siempre me sacas de mis casillas.

Pantoffel • unterm Pantoffel stehen
ser / estar dominado / gobernado por su mujer / marido
Dicen que está completamente dominado por su mujer porque no da un paso sin consultárselo a ella, pero a mí me parece algo absolutamente normal.

Papier • Papier ist geduldig.
El papel todo lo aguanta.

Pappenheimer • Ich kenne meine Pappenheimer.
¡Si conoceré yo el paño / el percal! / ¡Ya sé yo lo que me digo! / ¡Yo me entiendo!
No hacía falta que me dijeran adónde iban, pues yo sabía que iban a la disco: ¡si conoceré yo el percal!

Papst • päpstlicher als der Papst sein
ser más papista que el Papa
En cualquier partido político hay miembros radicales que son más papistas que el Papa.

Parade • jmd in die Parade fahren
llevar la contraria a alg., contradecir a alg.
Él le llevaba sistemáticamente la contraria y no hubo manera de que se pusieran de acuerdo.

Partie • eine gute Partie machen
casarse ventajosamente, encontrar el / un buen partido, dar un buen / braguetazo (col)
Se casó con un buen partido: con el dinero de su marido pudo abrir una inmobiliaria.
Dio un buen braguetazo y ahora es el hombre más rico del pueblo.

Partie • mit von der Partie sein
estar al tanto de algo / estar conchabado con alg. (col)
Los dirigentes del partido no se opusieron al golpe de estado que dieron los militares porque estaban conchabados con ellos.
contar con alg.
Si pensáis hacer una excursión el sábado, contad conmigo.

passen • wie angegossen passen
sentar como un guante (col) / a las mil maravillas (col), quedar de maravilla, quedar que ni pintado (col)
Cualquier cosa le sienta como un guante porque tiene buena percha.

passen • Das passt mir nicht!
¡No me va / viene bien! / ¡No tengo tiempo! / ¡No me conviene! / ¡No me hace! (col)

Pate • bei etwas Pate gestanden haben
haber sido la inspiración de algo, haber influido en algo
Las plazas de las ciudades y pueblos españoles han sido la inspiración de muchas plazas en Latinoamérica.

Pauke • auf die Pauke hauen
irse / salir de juerga / de parranda, irse / salir de marcha (col), desmelenarse, relajarse (Lam), divertirse una barbaridad, pasárselo en grande, pasárselo pipa (col), pasárselo de puta madre (vulg)
El sábado por la noche decidimos irnos de marcha. La verdad es que nos desmelenamos y nos lo pasamos pipa.
angeben: presumir, ostentar, hacer alarde de algo, darse tono
No me gusta nada la gente que va por ahí presumiendo de todo.

Pauke • mit Pauken und Trompeten durchfallen
fracasar con todas las de la ley / estrepitosamente, suspender (un examen)
Se las prometía muy felices en el nuevo puesto, pero fracasó con todas las de la ley.

Pech • So ein Pech
¡Qué mala suerte! / ¡Qué mala pata! (col)

Pech • wie Pech und Schwefel zusammenhalten
ser uña y carne
Se han conocido hace poco, pero desde entonces son uña y carne.

Pechsträhne • eine Pechsträhne haben
tener una mala racha, tener la negra (col)
No sé qué me pasa, pero estoy teniendo una mala racha en todo últimamente.

Pechvogel • ein Pechvogel sein
tener mala sombra (col) / mala pata (col), ser (un) gafe (col) / un cenizo (col), estar gafado (col), haber nacido en viernes (col) / de cabeza (col)
tollpatschig sein: ser un(a) calamidad
Es un pobre hombre: tiene mala sombra y todo le sale mal.

Pelle • jmd nicht von der Pelle gehen
no dejar a alg. a sol ni a sombra, no poder quitarse a alg. de encima, no dejar de dar la lata (col)
Es un pesado, no me deja a sol ni a sombra y no me lo puedo quitar de encima.

Pelle • jmd auf der Pelle sitzen
estar encima de alg., dar la lata a alg. (col)
A ver cuándo me vas a dejar en paz, que no paras de darme la lata con tus historias.

Pelle • jmd auf die Pelle rücken
atosigar a alg., no dejar respirar a alg.
Te agradecería que no me atosigaras tanto siguiéndome a todas partes.

Pelz • Wasch mir den Pelz, aber mach mich nicht nass.
No se puede repicar y andar a la procesión. (prov) / No se puede estar en misa y repicando. (prov) / estar al plato y a las tajadas. (prov)

per • per pedes
a pie, a pata (col)

Perle • Da wird dir keine Perle aus der Krone fallen!
¡No te vas a morir! / ¡No se te van a caer los anillos! (col)
¿Por qué no lo haces tú mismo y dejas a los demás en paz? ¡No te vas a morir por eso!

Perle • Perlen vor die Säue werfen. (bibl)
echar margaritas a los cerdos (col), echar perlas a los cerdos (bibl) / No se hizo la miel para la boca del asno. (prov)
Con los regalos que le hago a Linda a veces tengo la sensación de estar echando margaritas a los cerdos.

Person • die Pünktlichkeit in Person sein
ser la puntualidad en persona / personificada, ser un reloj (col)
No te preocupes porque estará aquí a la hora convenida: es la puntualidad en persona.

Pest • jmd die Pest an den Hals wünschen
echar pestes contra alg., echar / decir pestes de alg.
No sé por qué siempre está echando pestes contra mí.

Pest • jmd / etwas wie die Pest hassen
odiar a alg. a muerte
Nunca he entendido por qué me odia a muerte, ya que yo no le he hecho nunca nada.

Pest • stinken wie die Pest
oler que apesta / a rayos, apestar, heder
Aquí huele que apesta: no sé qué hacen los servicios de limpieza en esta ciudad.

Petersilie • Dir hat es wohl die Petersilie verhagelt?
Parece que estás de mal humor / de mala leche (col) / de malas pulgas. (col)

Pfad • auf dem Pfad der Tugend wandeln
caminar / transitar por la senda de la virtud
En su familia, caminar por la senda de la virtud más que aspiración es obligación.

Pfanne • jmd in die Pfanne hauen
hacerle una mala jugada a alg. (col), jugársela a alg. (col), criticar / censurar duramente a alg.
Gregorio le hizo una mala jugada a Toño criticándolo en público y a sus espaldas.

Pfau • eitel wie ein Pfau sein
ser más presumido que un pavo real, pavonearse, darse aires (col)
Después de ascender a director en la empresa, se daba aires y se pavoneaba ante los demás.

Pfeffer • hingehen (bleiben) wo der Pfeffer wächst
irse al diablo (col) / al infierno (col) / al cuerno (col) / al carajo (Lam / vulg) / a freír espárragos (col) / a freír monas (col) / a hacer puñetas (col), a la mierda (vulg) / a tomar por culo (vulg)
Me vino con unas exigencias absurdas, así que lo mandé a freír espárragos.

Pfeffer • gepfefferte Preise
precios altos / elevados
Con la creciente competencia, cada vez es más arriesgada una política de precios altos.

Pfeife • nach jmds Pfeife tanzen
bailar al compás de alg.
Es una persona muy difícil porque siempre quiere que todos bailen a su compás, algo que es imposible.

pfeifen • auf etwas pfeifen
importarle algo un pito (col) / bledo a alg. (col), pasar de algo (col)
Les advertimos de que nos estaban molestando con sus bromas de mal gusto, pero pasaron de nosotros y siguieron con lo mismo.

Pfennig • Wer den Pfennig nicht ehrt, ist den Taler nicht wert. (prov)
Por poco se empieza. / Un grano no hace granero pero ayuda a su compañero. (prov)

Pfennig • jeden Pfennig umdrehen müssen
pensárselo dos veces antes de gastar un duro
Como se han endeudado completamente, ahora tienen que pensárselo dos veces antes de gastar un duro.

Pferd • das Pferd beim Schwanze aufzäumen
empezar a construir la casa por el tejado (col), tomar el rábano por las hojas (col)
No me sorprende que sigan con sus problemas, pues en todo lo que emprenden empiezan a construir la casa por el tejado.

Pferd • Das hält kein Pferd aus.
(Esto / Eso) No hay quien lo aguante.

Pferd • aufs falsche Pferd gesetzt haben
haber apostado por un / el caballo perdedor (col)
Después de invertir mucho dinero en empresas de aquel país se dieron cuenta de que habían apostado por un caballo perdedor.

Pferd • das beste Pferd im Stall sein
ser el mejor de todos / del equipo / de la cosecha, ser la joya de la corona, ser la / una perla
Eran un grupo con grandes dotes artísticas, pero Pablo siempre fue el mejor de todos.

Pferd • wie ein Pferd schuften
trabajar como una bestia / un burro / un mulo / una mula / un buey / un enano (politisch nicht korrekt) / un negro (rassistisch)
Trabaja como un bestia, pero lo admirable es que lo hace además con alegría y presteza.

Pferde • Immer langsam mit den jungen Pferden!
¡Despacito y buena letra! (col) / ¡Despacio! / ¡Con calma! / ¡Cuidado!

Pferde • Da bringen mich keine zehn Pferde hin.
No voy (allí) ni a rastras. / Ni el diablo me hace ir allí. / Ni por fuerza voy (allí). / No voy (allí) ni aunque me maten (col) / ni muerto (col)

Pferde • nicht die Pferde scheu machen
¡Despacito y buena letra! (col) / ¡Despacio! / ¡Con calma! / ¡Cuidado!

Pferde • mit jmd Pferde stehlen können
poder ir con alg. hasta el / al fin del mundo, ser un gran tipo (col), ser un tipo / tío formidable (col)
Tengo tanta confianza en ti que podría irme contigo hasta el fin del mundo.

Pferdefuß • einen Pferdefuß haben
tener una pega, tener trampa, tener un defecto
En algún sitio tiene que estar la pega, porque aquí nadie regala nada.

Pfifferling • keinen Pfifferling wert sein
no valer un duro (col) / un céntimo (col) / un pimiento (col) / un comino (col) / un higo (col) / un bledo (col) / un ardite (col) / la pena
Este cuadro no vale un duro, no es más que una mala imitación.

Pfingstochse • herausgeputzt wie ein Pfingstochse
(ir) de punta en blanco (col), (ir) ataviado como jaca en feria (col), como un figurín (col)
Siempre sale de casa de punta en blanco.

Pflaster • ein heißes Pflaster
una zona caliente, una zona (un poco) peligrosa
Antiguamente el barrio chino era una zona caliente de Barcelona.

Pflaster • ein teures Pflaster
ser una ciudad / zona cara, ser un lugar / barrio caro
El Paseo de Gracia es una zona cara de Barcelona.

Pflege • in gute Pflege abzugeben
Gatito necesita un buen hogar. (anuncio en un periódico)

Pflicht • Das ist deine verdammte Pflicht und Schuldigkeit.
Es tu deber y obligación, nada más.

Phrase • leere (hohle) Phrasen dreschen
decir palabras huecas / vanas / al aire
A ver si esta vez haces un buen discurso en la cena y no las habituales palabras al aire.

Piep • einen Piep haben
estar chiflado (col) / chalado (col) / loco (de atar) / majareta (col) / majara (col) / colga(d)o (vulg) / grillado (col) / pallá (vulg), faltarle a alg. un tornillo (col), estar como una cabra (col) / como un cencerro (col) / como una regadera (col)
A veces, cuando conocemos más de cerca a personas que nos parecen muy normales, nos damos cuenta de que están un poco chifladas.

piep • nicht piep sagen
no decir ni pío (col) / ni mu (col), no decir esta boca es mía
La clase está llena de estudiantes que no dicen ni pío aunque el profesor les ofrezca participar activamente en ella.

Pike • eine Pike auf jmd haben
tener(le) a alg. tirria (col) / ojeriza (col) / inquina, tener fichado a alg. (col), tener a alg. en el punto de mira (col)
Me tiene tirria desde que le dije que no me gustaba su manera de bailar.

Pike • etwas von der Pike auf lernen
aprender (empezar) desde abajo / desde la base / desde el principio
Aprendió su oficio desde abajo, como trabajador no cualificado, y ahora es el jefe de varias empresas.

Platze • die Platze kriegen / sich die Platze an den Hals ärgern
sacar de quicio a alg.
Me sacan de quicio los comentarios que hacen siempre que paso por delante de ellos.

platzen (vor Lachen)
partirse (de risa) (col), morirse (de risa) (col), mondarse (de risa) (col), troncharse (de risa) (col), caerse (de risa) (col), reventar (de risa) (col), desternillarse (de risa) (col), mearse (de risa) (vulg)
Es una payasa: con ella siempre me parto de risa.

platzen (vor Neid)
morirse de envidia (col), comerse de envidia (col), reventar de envidia (col), quedar(se) mudo de envidia (col)
El actor secundario se moría de envidia al ver el éxito del protagonista.

platzen (vor Ungeduld)
rabiar de impaciencia (col), devorar la impaciencia a alg.
La señora Gómez rabiaba de impaciencia por tener noticias de su hijo.
Me devoraba la impaciencia de volverla a ver después de un mes separados.

platzen (vor Wut)
morirse de rabia (col), subirse por las paredes de rabia (col), trinar (col), rabiar (col), estar uno que trina / que rabia (col)
Se muere de rabia cada vez que lo ve.
Mi padre está que trina con los políticos nacionalistas.

Pleitegeier • der Pleitegeier sitzt auf dem Dach.
estar al borde de la quiebra / de la bancarrota
Mi empresa está al borde de la quiebra y nuestro banco al borde de la bancarrota.

Polizei • dümmer sein als die Polizei erlaubt
ser más tonto que hecho de encargo (col), ser tonto hasta decir basta (col), ser más tonto que el que se la pisó meando (vulg), ser tonto de remate (col) / de capirote (col)
Serías tonto hasta decir basta, si permitieras que te tomase de nuevo el pelo.

Pontius • von Pontius zu Pilatus laufen / geschickt werden
andar de Ceca en Meca / de la Ceca a la Meca, remover Roma con Santiago, andar de Herodes a Pilatos
Anduve de Ceca en Meca, pero al final encontré la pieza de recambio que estaba buscando para mi viejo coche.

Portion • es gehört eine ganze Portion Glück dazu
necesitar un (buen) golpe de suerte / de fortuna, necesitar / tener la suerte de cara (col)
Hoy en día se necesita también tener la suerte de cara para conseguir un trabajo fijo.

Portion • eine halbe Portion sein
ser un renacuajo (col), ser un retaco (col), no levantar un palmo del suelo (col)
Es un renacuajo, pero tiene una fuerza que muy pocos igualan.

Porzellan • viel Porzellan zerschlagen
hacer un buen estropicio (col), dejar todo devastado / hecho trizas (col) / hecho añicos (col)
La noticia de los despidos cayó como una bomba e hizo un buen estropicio entre todos.

Positur • sich in Positur werfen
ironisch: meterse en su papel (col), interpretar su papel (col)
El acusado se metió en su papel de víctima durante el juicio.

Posten • (nicht) auf dem Posten sein
estar indispuesto, (no) encontrarse / estar bien / en (plena / muy buena) forma / en buenas condiciones / al cien por cien
Será mejor que lo llames otro día porque hoy no está en plena forma.

Posten • auf verlorenem Posten stehen
luchar por una causa perdida (de antemano)
Luchar hoy en día por la justicia les parece a muchos luchar por una causa perdida.

Präsentierteller • wie auf dem Präsentierteller sitzen
sertirse como en un escaparate, ser / sentirse el objeto de todas las miradas, estar / sentirse expuesto a la vista de todos, sentirse observado
Odio estar sentado en medio de varias personas; me siento como en un escaparate.

Pranger • jdn an den Pranger stellen
poner a alg. en la picota, sacar / exponer a la vergüenza
Algunos periodistas siempre están poniendo a alg. en la picota, aunque no se lo merezca.

Preis • um jeden Preis
a cualquier precio, a toda costa, cueste lo que cueste
Como siempre quiere ser el primero a toda costa, no creo que acepte tu modesta oferta.

Preis • Alles hat seinen Preis.
Todo tiene un precio.

Primel • eingehen wie eine Primel
marchitarse como / cual flor de primavera
Está muy ilusionado ahora con su puesto, pero con el tiempo y los compañeros de trabajo que tiene creo que se marchitará cual flor de primavera.

Probe • Unsere Geduld wurde auf eine harte Probe gestellt.
Sometieron / Pusieron seriamente a prueba nuestra paciencia.

probieren • Probieren geht über Studieren. (prov)
La experiencia es madre de la ciencia. (prov)

Prophet • Der Prophet gilt nichts im eigenen Land. (bibl)
Nadie es profeta en su tierra. (bibl)

Prozess • mit jmd kurzen Prozess machen
cortar con alg. por lo sano (col), despachar a alg. sin rodeos (col), acabar (la relación) con alg.
Cuando supo que su amistad era interesada cortó con ellos por lo sano.

prüfen • Drum prüfe, wer sich ewig bindet. (prov)
Antes que te cases, mira lo que haces. (prov)
Antes que cases, cata qué haces, que no es nudo que así desates. (prov)

prüfen • (vom Schicksal) hart geprüft werden
verse sometido / puesto a prueba seriamente / duramente (por el destino, la providencia, la suerte, la vida)
Con todas las desgracias que le habían ocurrido a esa familia todos nos preguntábamos por qué la vida los había puesto a prueba tan duramente.

Pudel • wie ein begossener Pudel dastehen
quedar hecho una mona (col), quedar corrido como una mona (col), quedar a la altura del betún (col), quedar como tonto en vísperas (col)
Se empeñó en convencernos de que había preparado él la comida y quedó hecho una mona cuando encontramos por casualidad la factura del encargo en el suelo.

Pudel • des Pudels Kern
ser la madre del cordero (col), ser el meollo / la verdad del asunto
La madre del cordero en todo este asunto es que realmente no le gusta la enseñanza.

pudelwohl • sich pudelwohl fühlen
sentirse / estar como pez en el agua, estar como un niño con zapatos nuevos (col)
Por fin ha conseguido el trabajo que le gusta, así que está ahora como pez en el agua.

Pulver • Der hat das Pulver nicht erfunden.
No ha inventado la pólvora. (col)

Pulver • sein Pulver verschossen haben
haber quemado su último cartucho (col), no tener ya más argumentos, haber gastado ya la pólvora en salvas (col)
Lo intentó todo para convencer a su jefe de las ventajas del proyecto, pero después de exponerle sin éxito sus razones ya ha quemado el último cartucho.

Pulver • Geld verpulvern
dilapidar / derrochar (el) dinero
Le tocó la lotería, pero dilapidó todo su dinero en fiestas y juegos de azar.

Pulverfass • wie auf einem Pulverfass sitzen
estar (sentado) sobre un volcán
Durante la crisis de los misiles entre Cuba, Rusia y Estados Unidos la humanidad estaba sobre un volcán.

Pump • auf Pump kaufen
comprar algo a plazos
En nuestra sociedad consumista cada vez más familias se endeudan comprando a plazos y retrasándose con el pago de los intereses.

Punkt • Nun mach aber mal einen Punkt!
¡Basta ya! (col) / ¡Déjalo ya! (col) / ¡Punto final! (col) / ¡Vamos, anda!(col)

Punkt • ein dunkler Punkt
mancha negra, capítulo oscuro / aciago
La pobreza del Tercer Mundo es una mancha negra en la historia de la humanidad.

Punkt • der springende Punkt
El punto clave / capital / esencial / crucial / vital, lo esencial
Eso es lo esencial del caso.

Punkt • den Punkt aufs i setzen
poner(le) la guinda (col), dar el último toque (col) / el toque final (col)
Para ponerle la guinda al día de playa se quedaron a contemplar la puesta de sol.
FA: poner los puntos sobre las íes: die Sachen klarstellen

Punkt • ohne Punkt und Komma reden
hablar por los codos (col), hablar más que un loro (col), cotorrear (col), hablar sin parar
Es buena persona, y muy servicial, pero habla por los codos y llega a resultar pesado.

Punktum
¡y punto! (col), ¡ y basta! (col), ¡y se acabó! (col), ¡ni una palabra más! (col), ¡así no más! (Lam)
He dicho que no quiero oír nunca más esa historia ... ¡y punto!

Puppe • bis in die Puppen schlafen
pegársele a alg. las sábanas (col), quedársele a uno pegadas las sábanas (col), dormir como una marmota (col) / como un lirón (col), dormir a pierna suelta (col)
Perdona que llegue tarde, pero es que se me han pegado las sábanas.

Quadratlatschen
zapatones, zapatazos
Entró allí con sus zapatones llenos de barro y me puso perdido el suelo de la cocina.

Quecksilber • ein Quecksilber sein / Quecksilber im Leibe haben
ser culo de mal asiento (col), ser un azogue (col), tener azogue (col), ser un culo inquieto (col)
Ya veo que eres culo de mal asiento y que no te conviene este tipo de vida.

Quelle • aus gutunterrichteter Quelle
Auskunft von einem Beteiligten oder Augenzeugen: saber algo de buena fuente / de buena tinta (col), saber algo de fuente(s) autorizada(s) / segura(s) / fidedigna(s)
Sé de buena tinta que van a mudarse pronto a otra ciudad porque no son felices aquí.
Fuentes autorizadas han anunciado que los autores del crimen fueron detenidos ayer.

Quere • jmd in die Quere kommen
molestar a alg., estorbar a alg., cruzarse algo en el camino de alg., surgir algo
La oficina es tan pequeña que no podemos evitar estorbarnos.
Perdonad que no os haya visitado aún, pero siempre se cruza algo en mi camino.

Quittung • die Quittung für etwas bekommen
pagar las consecuencias, cargar con las consecuencias, algo pasa a alg. (la) factura
Estamos pagando ahora las consecuencias de no haber renovado antes la maquinaria.
Sus años de alcoholismo le pasan ahora factura.

Rabe • stehlen wie ein Rabe
ser largo de uñas (col), ser un manos listas (col), tener los dedos (muy) largos (col)
En el Rastro de Madrid hay siempre algunos manos listas y si no tienes cuidado vuelves más ligero a casa.

Racker • ein Racker sein
ser un diablillo / un travieso latoso
Su hijo es un diablillo; cada vez que me ve me sigue corriendo con una pistola de agua.

Rache • Rache ist süß. (prov)
La venganza es dulce.

Rachen • jmd etwas in den Rachen werfen
tener que hacerle / darle el gusto a alg., tener que complacer a alg., tener que darle a alg. todo hecho
Es increíblemente egoísta y exigente: le tienes que hacer siempre el gusto.

Rachen • den Rachen nicht voll kriegen
no tener nunca bastante, no quedarse nunca satisfecho / contento
Eres realmente insaciable: nunca tienes bastante con lo que te ofrecen.

Rad • das fünfte Rad am Wagen sein
ser el que está de más (col) / el que sobra (col), sentirse fuera de lugar (col) bei Paaren: hacer de carabina (col)
Siempre que Fernando me ve con ella, se nos pega y hace de carabina.

Rad • Das Rad der Geschichte lässt sich nicht zurückdrehen.
¡El tiempo pasado no vuelve jamás! (col) / No hay marcha atrás. (col) / No se puede dar marcha atrás. (col)

Rädchen • ein Rädchen im Getriebe sein
ser una pieza más en el engranaje / del engranaje (col)
Nuca pensé que terminaría siendo una simple pieza más del engranaje.

Räder • unter die Räder kommen
hundirse (col), venirse abajo (col), irse a pique (col) / al traste (col) / al carajo (Lam)
Le fue muy bien en su primer puesto, pero cuando lo cambiaron de sección se hundió.

Radfahrer • ein Radfahrer sein
ser un pelota (col) / un pelotilla (col), ser un lameculos (vulg)
Era un pelota insufrible, capaz de lo más indignante por agradar a sus superiores.

Rage • jmd bringt etwas in Rage
sacarle de quicio / de sus casillas algo a alg. (col), sulfurarle algo a alg. (col), ponerle enfermo / del hígado / a cien algo a alg. (col)
Deja de interrumpirme cuando hablo, que es algo que me saca de mis casillas.

Rahm • den Rahm abschöpfen
quedarse con lo mejor
Tu amigo es un egoísta de cuidado; siempre intenta quedarse con lo mejor.

Rahmen • aus dem Rahmen fallen
salirse de lo corriente / habitual
nur Gegenstände: ser otra cosa (col)
Carmen se sale de lo corriente con sus extravagancias y su carácter imprevisible.

Rand • zu Rande kommen mit jmd / etwas
arreglárselas con algo / alg. (col)
Los dos se las arreglan muy bien juntos.
Se las arregla de maravilla en / con su nuevo trabajo.

Rand • außer Rand und Band sein
estar fuera de quicio (col) / fuera de sí, estar desquiciado (col) / como loco (col)
Cuando llegué allí la discusión era tremenda y los dos estaban fuera de quicio.

Rang • jmd den Rang ablaufen
aventajar(se) a alg., adelantar a alg., dejar atrás a alg., sacarle ventaja a alg.
Recientemente Airbus ha aventajado a Boing por primera vez como productor de aviones de pasajeros.

Rang • Rang und Namen haben
la flor y nata, lo más granado
La flor y nata de la ciudad acudió a la gala benéfica.

Ränke • Ränke schmieden
tramar (col), maquinar (col), intrigar
No sé por qué siempre andas intrigando para obtener lo que podrías lograr de otro modo.

Rappel • einen Rappel haben
estar furioso, estar con un humor de perros (col), (estar que) echar chispas (col)
Desde que hemos llegado aquí estás que echas chispas: ¿qué es lo que pasa?

rar • sich rar machen
dejarse ver muy raramente, casi no dejarse ver, estar fuera de circulación (col)
Se deja ver muy raramente por aquí en los últimos meses; parece que anda deprimido.

rasten • Wer rastet, der rostet. (prov)
Piedra movediza nunca cría moho. (prov) / Piedra movediza nunca moho cobija. (prov)

Räson • jmd zur Räson bringen
hacer entrar en razón a alg., hacer volver a la razón a alg., poner en razón a alg.
Estaban tan fuera de sí que nadie pudo hacerles entrar en razón y terminaron peleándose.

Rast • ohne Rast und Ruh
sin descanso, sin parar, incesantemente, sin cesar, sin tregua (ni paz) (col)
Estuvieron buscando a los desaparecidos en el naufragio sin descanso.
Le dieron el encargo tan tarde que tuvo que estar trabajando sin parar quince horas para poder terminarlo.

Rat • Da ist guter Rat teuer.
En eso es difícil aconsejar. / Es una cuestión difícil. / Ahí está la dificultad.

Rat • jmd mit Rat und Tat zur Seite stehen
ayudar / apoyar a alg. con palabras y (con) hechos, dar(le) a alg. el consejo y el vencejo (col)
No tengo queja: es un buen amigo que siempre me ha apoyado con palabras y hechos.

raten • Dreimal darfst du raten!
¡Te doy tres oportunidades! / ¡Tienes tres intentos!

Rätsel • Das ist des Rätsels Lösung!
¡Ahí está el quid (de la cuestión)!

Ratte • Die Ratten verlassen das sinkende Schiff.
Las ratas (siempre) abandonan el barco que se hunde.

Raubbau • (mit seiner Gesundheit) Raubbau treiben
arruinar(se) la salud, matarse
Te estás arruinando la salud con todo el trabajo extra que haces.
No fumes tanto, que te estás matando.

Rauch • sich in Rauch auflösen
esfumarse, desvanecerse (en el aire), irse en humo (col), irse como (el) humo (col)
Todas mis esperanzas de encontrar una solución al problema se han esfumado.

Rauch • Kein Rauch ohne Feuer. (prov)
No hay humo sin fuego. (prov) / Por el humo se sabe dónde está el fuego. (prov) / Cuando el río suena, agua lleva. (prov)

rau • eine raue Schale haben: Hinter einer rauen Schale verbirgt sich oft ein weicher Kern.
Bajo esa apariencia dura se esconde un corazón de oro.

Raum • das Problem steht im Raum
El problema lo seguimos teniendo / está sin solucionar.

Rausch • seinen Rausch ausschlafen
dormir la mona (col)
Después de pasarse la noche cerrando bares, ha estado durmiendo la mona todo el santo día.

Rechnung • eine alte Rechnung begleichen
saldar / pagar / ajustar / arreglar una cuenta pendiente
El acusado declaró que había saldado con la paliza una cuenta pendiente.

Recht • Das ist mein gutes Recht!
¡Estoy en mi derecho!

Recht • Recht muss Recht bleiben.
La ley es la ley.

Recht • an den Rechten geraten
encontrar / hallar la horma de su zapato (col), encontrar su igual (col)
Siempre nos gana al ajedrez a los amigos de siempre, pero desde que llegó José Antonio ha encontrado la horma a su zapato: todavía no le ha ganado ni una sola partida.

Recht • nach dem Rechten sehen
cuidar de que todo está / esté en orden, estar pendiente de todo, estar al tanto de todo
El nuevo vigilante cuidará de que todo esté en orden.

Recht • Was dem einen recht ist, ist dem anderen billig. (prov)
Lo que es justo, lo es para todos. (prov) / No hay dos justicias.

recht • Alles was recht ist!
¡Por Dios! (col)

recht • nur recht und billig
ser justo y razonable, ser de justicia, no ser sino lo justo
Es justo y razonable que le hayan exigido una reparación por los daños causados.

Rede • Langer Rede kurzer Sinn
para abreviar, en pocas palabras, en dos palabras, en resumidas cuentas

Rede • große Reden führen (schwingen)
fanfarronear, darse demasiada importancia, abrir demasiado la boca (col) / el pico (col)
Espoleados por los medios de comunicación, muchos famosos fanfarronean continuamente hasta que la realidad pone a algunos en su sitio.

Rede • Reden ist Silber, Schweigen ist Gold. (prov)
Siembra quien habla y recoge quien calla. (prov) / Más vale bien callar que mal hablar. (prov) / El silencio y la prudencia, mil bienes agencia. (prov) / En boca cerrada no entran moscas. (prov) / Por la boca muere el pez. (prov) / En boca del discreto, lo público es secreto. (prov) / Al buen callar llaman Sancho. (prov)

Rede • Reden und Handeln sind zweierlei. (prov)
Del dicho al hecho hay gran trecho. (prov) / Del dicho al hecho va mucho trecho. (prov) / No es lo mismo predicar que dar trigo. (prov)

Rede • jmd Rede und Antwort stehen
rendir cuentas de algo ante alg., dar cuenta(s) de algo a alg.
Tuvo que rendir cuentas ante los socios de las urgentes decisiones que había tomado.

Rede • jmd zur Rede stellen
pedir cuentas / explicaciones a alg. de algo.
El director nos ha pedido cuentas de las pérdidas que hemos tenido este año en la empresa.

reden • Du hast gut reden!
¡Bien puedes hablar tú! / ¡Ya puedes hablar (, ya) ...!

Redner • kein großer Redner sein
no ser un gran orador, no tener un pico de oro (col), no estar acostumbrado a hablar en público
Aunque no es un gran orador, emocionó al público con sus sinceras palabras.

Regel • nach allen Regeln der Kunst
(hacer algo) como Dios manda (col) / como mandan los cánones (col) / como debe ser / como se debe / según las reglas / primorosamente
Lo hizo como Dios manda para conquistarla: le escribía poemas, le regalaba ramos de flores y la iba a buscar a casa con la mejor de sus sonrisas.

Regel • Keine Regel ohne Ausnahme. (prov)
(Es) la excepción que confirma la regla. (prov)

Regen • ein warmer Regen
(lloverle / caerle) a alg. algo del cielo (col), (tener) un golpe de suerte (col)
El otro día tuve un golpe de suerte: gané inesperadamente 5000 euros en la lotería. Es un dinero que me viene como llovido del cielo.

Regen • vom Regen in die Traufe kommen
salir de Guatemala y entrar en Guatepeor (col), de Guatemala a Guatepeor (col), salir del lodo y caer en el arroyo (col), escapar del trueno y dar en el relámpago, salir de Málaga y entrar en Malagón (col)
La solución que me propones es como salir de Guatemala y entrar en Guatepeor.

Regiment • das Regiment führen
dirigir el cotarro (col), llevar la batuta (col) / los pantalones (col), ejercer el mando, ser el amo (col)
Metieron a varios traficantes en la cárcel, pero no a quien dirigía el cotarro.

Regionen • in höheren Regionen schweben
vivir / estar en la luna / en las nubes / en otro mundo, ser un soñador / un iluso
Parece que vive en la luna: muchas veces le preguntas algo y no se entera de nada.

Register • alle Register ziehen
tocar todos los registros (col) / todos los resortes (col) / todas las teclas (col)
Nunca se da por vencido y toca siempre todos los registros para conseguir sus fines.

Reibach • einen Reibach machen
hacer su agost(ill)o (col) / su negocio (col), llevar (el) agua a su molino (col)
Hizo su agosto comprando una empresa cuyas acciones subieron como la espuma.

Reihe • aus der Reihe tanzen
salirse del redil (col), ir contra corriente (col), pasarse de la raya (col)
Sus amigos estudiaron Derecho, pero él se salió del redil y se dedicó a la viticultura.

Reihe • in Reih und Glied (stehen)
alinearse, (ponerse) en fila
Casi todos los países miembros de la ONU se alinearon en contra de la guerra.

Reiher • kotzen wie ein Reiher
echar una buena vomitona (col) / pastilla (vulg) / pela (vulg), echar / arrojar hasta la (primera) papilla (col)
Le debió sentar fatal la comida, porque echó una buena vomitona.

Reim • Ich kann mir meinen Reim darauf machen.
Puedo encontrarle (un) sentido. / Puedo explicármelo.

Reim • Ich kann mir keinen Reim darauf machen.
No le encuentro ni pies ni cabeza. (col) / No me lo puedo explicar. / No comprendo nada de nada.

rein • etwas ins Reine bringen
poner algo en claro, aclarar(se) / resolver(se) / solucionar(se) algo, quedar claro
El problema se solucionó cuando salieron a la luz los gastos extra del último viaje.

rein • mit sich selbst ins Reine kommen
aclararse, tenerlo claro (col)
La situación es difícil y él necesita aclararse; démosle un tiempo para reflexionar.

rein • mit sich selbst nicht im Reinen sein
no tenerlo claro (col), no saber a qué atenerse
No lo tenía claro, de ahí que le concedieran tiempo para reflexionar.

reinkriechen • jmd hinten reinkriechen
hacer la pelota a alg., dar coba a alg., lamer el culo a alg. (vulg)
Continuamente anda haciéndole la pelota a sus compañeros para ver si les saca algo.

reinwaschen • sich reinwaschen (wollen)
(querer) quedar limpio, (querer) lavarse las manos (col), (querer) limpiarse
Aunque cometa errores, siempre quiere quedar limpio.

Reise • Wenn einer eine Reise tut, dann kann er was erzählen. (prov)
A uno le ocurren muchas cosas cuando viaja. / Lejos de tu casa, de todo te pasa.

Reiselust • jmd packt die Reiselust
entrarle a alg. el espíritu viajero / las ganas de viajar
Cada vez que llega el verano me entra el espíritu viajero y quiero marcharme cuanto antes lo más lejos posible.

reißen • hin und hergerissen sein
estar desgarrado / entre dos aguas (col)
Estaba desgarrado entre renunciar al puesto o aceptarlo con todas las consecuencias.

Reserve • jmd aus der Reserve locken
sacar / hacer salir a alg. de su ensimismamiento, hacer salir a alg. de sí mismo
Tendríamos que sacarlo de su ensimismamiento, porque si no terminará aislándose.

Respekt • jmd Respekt einflößen
infundir / imponer respeto a alg.
Le gustaría infundir respeto a sus socios, pero no creo que lo consiga.

Rest • der letzte Rest vom Schützenfest
los (últimos) restos, las sobras

Rest • Das gibt mir den Rest
¡Esto acaba conmigo! / ¡Esto me da el golpe de gracia! / ¡Esto me hace la pascua! / ¡(Esto) es el colmo! / ¡(Esto) es lo que (me) faltaba!
Después de perder el trabajo caí en el alcoholismo. Cuando conseguí superarlo sufrí una fuerte depresión, y ahora mi mujer me ha dejado: ¡esto acaba conmigo!

Rest • sich den Rest holen
acabar de rematarla (col)
Ya estaba deprimido, pero el despido acabó de rematarla.

Retter • Retter in der Not
(ser / llegar) la salvación / el salvador (col)
Andábamos ya desesperados, pero llegó la salvación cuando Ernesto se unió al equipo.

retten • nicht mehr zu retten sein
no tener (ya) remedio, estar completamente chiflado (col)
Ese ya no tiene remedio, ahora sí que está completamente chiflado con sus manías.

richtig • der Richtige
el hombre ideal / soñado / de sus sueños / adecuado
No sé cómo convencerla de que el hombre ideal no existe.

richtig • **Du kommst gerade richtig.**
Me vienes que ni llovido del cielo (col) / que ni pintado (col) / al pelo.

richtig • **Höre ich richtig?**
¿Estoy oyendo bien? / ¿Es verdad lo que estoy oyendo?

richtig • **mit etwas richtig liegen**
estar en lo cierto (col)
Estás en lo cierto cuando dices que se ha avanzado mucho en la igualdad de oportunidades entre el hombre y la mujer, pero no cuando argumentas que no se puede hacer mucho más.

riechen • **Das kann ich doch nicht riechen!**
¿Cómo podía adivinarlo / intuirlo / saberlo? / ¡No soy ningún adivino!

riechen • **jmd nicht riechen können**
no poder ver a alg. (ni en pintura) (col), no (poder) tragar a alg. (col), tener a alg. atravesado (col), tener a alg. sentado en el estómago / en la boca del estómago (col)
No me pidas que los invite también a ellos porque no los puedo ver ni en pintura.

Riecher • **den richtigen Riecher für etwas haben**
tener (buen) olfato para algo (col)
Sé que nuestro negocio va a tener éxito: tengo un buen olfato para estas cosas.

Riegel • **einer Sache einen Riegel vorschieben**
poner fin / término a algo, acabar con algo
¿No creéis que ha llegado el momento de que pongáis fin a vuestras viejas disputas?

Riemen • **den Riemen enger schnallen**
apretar(se) el cinturón (col), gobernar su boca según su bolsa (col)
A partir de ahora tenemos que apretarnos el cinturón: me acaban de reducir el sueldo un diez por ciento.

Riemen • sich am Riemen reißen
controlarse (col), calmarse, serenarse
Cuando empezó la entrevista estaba algo alterado, pero se controló y logró superarla.

Riesenwirbel • einen Riesenwirbel machen
armarla (col), montarla (col), armar / montar una (buena) bronca (col), armar / montar un (buen) jaleo (col), armar / montar una buena (col), montar un pollo (col)
A pesar de las advertencias siguen haciendo un ruido tremendo. ¡Ahora mismo bajo a su piso y la monto!

Rippen • nichts auf den Rippen haben
estar en los huesos (col), estar esquelético (col), parecer un esqueleto (andante) (col), no ser más que piel y huesos (col)
Cuando llegó el equipo de salvamento, los náufragos estaban ya en los huesos.

Rippen • Ich kann es mir doch nicht aus den Rippen schneiden.
¡De donde no hay, no se puede! (col)

Rippen • bei jmd die Rippen zählen können
estar esquelético (col), parecer un esqueleto (andante) (col), estar en los huesos (col)
Me había dicho que su novia era delgada, pero la verdad es que está esquelética.

Ritt • auf einen Ritt
de un tirón (col), de una tirada (col), de un golpe (col), de una tacada (col), de una vez
Ayer estaba inspirado y escribí dos capítulos de un tirón.

Rock • bei jmd am Rockzipfel hängen
estar pegado / agarrado a las faldas / a los faldones de alg. (col), no separarse de las faldas / de los faldones de alg. (col)
Parece mentira que con la edad que tiene aún esté pegado a las faldas de su madre.

Röhre • in die Röhre gucken
quedarse con un palmo de narices (col) / chafado (col) / planchado (col) / fuera
Pensó que lo elegirían a él, pero tras la votación se quedó con un palmo de narices.

Rohrspatz • schimpfen wie ein Rohrspatz
jurar como un carretero (col)
Muchas personas normales y equilibradas juran como carreteros (cuando se ponen) al volante de un coche; parece como si se transformaran.

Rolle • aus der Rolle fallen
ser algo fuera de lo habitual / de lo común / de lo corriente
immer negativ: perder los papeles (col), hacer el / un papelón (col), propasarse, pasarse (col), hacer / tirarse una plancha (col), salirse de sus casillas (col)
Me quedé muy sorprendido cuando me pidió ayuda, pues era algo fuera de lo habitual.
Al enterarme de que se habían olvidado de mí, perdí los papeles y les llamé de todo.

Rolle • sich in die Rolle von jmd versetzen
ponerse en el lugar / la piel / la situación de alg.
Intento ponerme en su lugar, pero no llego a comprender por qué lo ha hecho.

Rom • Viele Wege führen nach Rom. (prov)
Todos los caminos llevan / conducen a Roma. (prov) / Por todas partes se va a Roma. (prov) / Todos los caminos van a mi casa. (prov)

Rom • wie im alten Rom
como en la antigua Roma

Rom • Rom ist auch nicht an einem Tag erbaut worden. (prov)
No se ganó Zamora en una hora. (prov) / Roma no se construyó en un día. (prov)

rosa • durch die rosarote Brille sehen
verlo todo de color (de) rosa
El optimismo de Paco es a prueba de bombas: lo ve siempre todo de color rosa.

Rose • nicht auf Rosen gebettet sein
no ser un camino de rosas (col), no ser algo coser y cantar (col), no pasársela en flores (col)
La vida no es un camino de rosas.

Rose • Keine Rosen ohne Dornen.
No hay rosa sin espinas. (prov) / No hay boda sin tornaboda. (prov)

Rosinen • Rosinen im Kopf haben
tener pájaros / muñecos en la cabeza (col), (ironisch) tener grandes proyectos / ideas
Tenía muchos pájaros en la cabeza sobre cómo resolver los problemas de su barrio, pero pronto se curó en contacto con la dura realidad.

Ross • auf dem hohen Ross sitzen
darse humos (col), subírsele a alg. el humo / los humos a la cabeza (col), subirse a la parra (col)
Si le sale algo bien se da muchos humos, pero si le sale mal no dice ni pío.

Rostlaube
(montón de) chatarra (col), (viejo) cacharro (col), (vieja) tartana (col)
Su coche es un auténtico montón de chatarra, pero él lo mima como si fuera un Rolls.

Rotz • Rotz und Wasser heulen
llorar a moco tendido (col), llorar a lágrima viva (col)
Fue conmovedor ver cómo aquél hombre tan fuerte empezó a llorar a moco tendido.

Rübe • jmd die Rübe abhacken
partirle a alg. la cara / la cabeza (col) / la crisma (col), romperle a alg. la cara / la cabeza (col), arrancarle a alg. la cabeza (col), partirle a alg. el cráneo (col)
Como me vuelvas a hacer una cosa así te parto la cara.

Rubel • Der Rubel rollt.
hacerse de oro (col), montarse en el dólar (col)
Se están haciendo de oro con los nuevos modelos que producen.

Ruck • sich einen Ruck geben
hacer un esfuerzo, cobrar ánimo, (ironisch) hacer acopio de valor (col)
A ver cuándo haces un esfuerzo y ordenas tu cuarto.

ruck • das geht ruck, zuck
Se hace en un santiamén (col) / en un abrir y cerrar de ojos (col) / en un periquete (col) / en menos que canta un gallo (col) / en un dos por tres (col) / en un salto (col) / en un pis pas (col) / en un decir Jesús (col).

Rücken • jmd in den Rücken fallen
dar(le) a alg. una puñalada trapera (col), clavar(le) a alg. un puñal por la espalda (col)
Esperaba que me ayudara, pero me dio una puñalada trapera y me dejó solo.

Rücken • jmd / etwas den Rücken kehren
dar(le) / volver(le) la espalda a alg., dar de espaldas a alg.
Le dio la espalda a su pasado e intentó rehacer su vida cambiando su actitud.

Rückgrat • kein Rückgrat haben
no tener agallas (col) / lo que hay que tener (col) / huevos (vulg) / cojones (vulg) / pelotas (vulg), faltarle a alg. agallas (col) / huevos (col) / cojones (col) / pelotas (vulg)
Ricardo no tiene agallas, es incapaz de contradecir a su padre.

Rücksicht • ohne Rücksicht auf Verluste
sin tener en cuenta las consecuencias, sin reparar / pensar en las consecuencias
Es una pena que tome decisiones sin tener en cuenta las consecuencias para los demás.

Ruder • das Ruder fest in der Hand haben
tener controlada / dominada la situación (completamente), tener todo bajo control, controlar / dominar con mano firme
No le van las sorpresas y le gusta tener siempre la situación completamente controlada.

Ruder • das Ruder herumwerfen
cambiar de rumbo / el rumbo (col), dar un golpe de timón (col)
Empezaron a abrir filiales, pero cambiaron de golpe el rumbo y cerraron casi todas.

Ruder • ans Ruder kommen
tomar las riendas / el timón / el mando
Tomar las riendas de un país debería ser sin duda uno de los actos de mayor responsabilidad, aunque a veces no lo parezca.

Ruhe • Das lässt mir keine Ruhe.
Eso no me deja en paz (col) / no deja de perseguirme (col) / no me deja tranquilo (col) / me viene continuamente a la mente (col). / No puedo dejar de pensar en ello / en eso (col).

Ruhe • immer mit der Ruhe
¡Calma, mucha calma! (col) / ¡Con calma! (col) / ¡Vamos por partes! (col) / ¡Despacito y buena letra! (col) / ¡Hay más días que longaniza! (col)

Ruhe • in Ruhe und Frieden leben
vivir en paz y armonía (col), vivir en (santa) paz (col)
Antes era muy pendenciero, pero ahora sólo quiere vivir en paz y armonía.

Ruhe • die Ruhe vor dem Sturm
la calma que precede a la tormenta / a la tempestad
Los momentos de armonía y felicidad en la vida son como la calma que precede a la tormenta ... y viceversa.

ruhen • ruhe sanft
descanse en paz / R.I.P.

Ruhm • mit etwas keinen Ruhm ernten können
no cubrirse de gloria con algo, no ganarse la medalla a algo (col), no conquistar laureles con algo
Con su política de despidos no se va a cubrir de gloria entre los trabajadores.

Ruhm • sich in seinem Ruhm sonnen
dormirse en los laureles
El peligro del éxito es que si te duermes en los laureles todo puede terminar en fracaso.

rühren • nicht daran rühren wollen
mejor hablar de otro asunto (col), mejor / vale más no meneallo (col), mejor no insistir (en ello) (col)
Será mejor hablar de otro asunto y no seguir siempre con la misma canción.

Rummel • einen großen Rummel um jmd / etwas machen
dar(le) mucho bombo a alg. / a algo (col), anunciar algo a bombo y platillo (col), montar un gran jaleo / follón con alg. / con algo (col)
Manolo siempre anda dándole mucho bombo al éxito que tiene entre las mujeres.

rund • Jetzt geht's rund!
¡Ahora se anima la cosa! / ¡Ahora empieza lo bueno!

rund • Auf der Party ging es ganz schön rund.
La fiesta estaba muy animada.

Runden • über die Runden kommen
Gesundheit: reponerse, salvarse, superarlo
Ya se ha repuesto de la profunda depresión que tuvo.
Geld: llegar a fin de mes, superar las dificultades, salir del paso (col)
Con los problemas económicos empezaron a tener dificultades para llegar a fin de mes.

Sache • Das tut nichts zur Sache!
¡Eso / Esto no viene al caso (col) / a cuento (col)! / ¡Eso / Esto no entra en materia!

Sache • Das ist meine Sache!
¡Eso / Esto es asunto mío! (col) / ¡Eso / Esto es cosa mía! (col) / ¡Eso / Esto no es asunto tuyo! (col) / ¡No te metas (en) donde no te llaman! (col)

Sache • Das ist nicht jedermanns Sache.
Es cuestión de gustos. / No es del gusto de todos / de cualquiera.

Sache • seine Sache gut machen
hacer bien lo suyo (col), hacer algo bien
No es ningún genio, pero hay que reconocer que hace muy bien lo suyo.

Sache • zur Sache kommen
ir al grano (col)
No perdamos tiempo en preámbulos y vayamos directamente al grano.

Sache • Sachen gibt's, die gibt's gar nicht.
¡Hay cosas (que son) increíbles!

Sache • eine Sache klarstellen
poner los puntos sobre las íes (col)
Fui allí a poner los puntos sobre las íes porque no quería que siguieran con esos rumores.

Sache • nicht bei der Sache sein
estar distraído, estar en otro sitio (col) / en las nubes (col) / en Babia (col), estar ausente (col)
Le quería explicar mis motivos, pero ella estaba distraída y era inútil intentarlo.

Sack • jmd in den Sack stecken
eclipsar a alg., hacer sombra a alg., hacer quedar a alg. en ridículo
Con su espléndida interpretación a la guitarra eclipsó a los demás concursantes y el jurado le concedió el primer premio por unanimidad.

Sack • mit Sack und Pack
con todo lo suyo, con sus pertenencias
Le dijeron que se fuera de la ciudad con todo lo suyo si no quería llevarse una sorpresa.

Sack • schlimmer als einen Sack voller Flöhe hüten
ser peor que la marabunta (col)
No quiero darle nunca más clase a esos chicos: son peores que la marabunta.

Sackgasse • in eine Sackgasse geraten sein
meterse / estar en un callejón sin salida (col)
Al tomar esa decisión nos metimos sin darnos cuenta en un callejón sin salida.

Saft • im eigenen Saft schmoren
dejar a alg. que se pudra
Déjale que se pudra; es un desagradecido y no merece nuestra ayuda.

Saft • ohne Saft und Kraft
insípido, soso, ni chicha ni limonada (col) / ni limoná (col)
Tiene siempre un discurso que es hueco e insípido.

sagen • unter uns gesagt
entre nosotros, entre tú y yo, en confianza
Entre nosotros, te confieso que nunca me ha gustado su actitud ante el trabajo.

sagen • nichts zu sagen haben
no tener ni voz ni voto / nada que decir, ser un cero a la izquierda (col)
Parece que mi influencia en las decisiones de la familia es nula: no tengo ni voz ni voto.

sagen • sage und schreibe ...
lo creas o no ...
bei Zahlen: no menos de ...

Saite • andere Saiten aufziehen
apretar las clavijas (col) / la cuerda, ponerse duro, cambiar de tono
Primero intentó convencerlo por las buenas, pero al ver que no tenía éxito decidió apretarle las clavijas.

Salat • Da hast du den Salat!
¡Ahora estás fresco / apañado! (col) / ¡Ahora tienes un buen lío! (col) /
¡Ahora estás en un buen lío! (col) / ¡Ahora estás en un buen aprieto /
apuro! / ¡Ahora estás / vas jodido! (vulg) / ¡Ahora vas de culo! (vulg)

Salz • das Salz in der Suppe
la sal de la vida (col), Es lo que le da sabor a la vida. / Es lo que hace la vida sabrosa / jugosa / interesante.
Sé que su compañía no me conviene, pero es lo que le da sabor a mi vida.

Samt • jmd mit Samthandschuhen anfassen
tratar a alg. con guante blanco (col), tratar a alg. con mucha delicadeza
Si quieres que acepte tus propuestas tendrás que tratarlo con guante blanco.

Sand • wie Sand am Meer
a punta (de) pala (col), a porrillo (col), a granel, a patadas (col), (a) montones (col), (a) mogollón (col), para dar y tomar (col), para repartir (col), hasta debajo de las piedras (col)
En esta región la crisis no se nota tanto; hay oportunidades a porrillo.

Sand • auf Sand gebaut haben
haber construido / edificado sobre arena
Han construido un nuevo complejo industrial sobre arena, no tenía ninguna viabilidad.

Sand • jmd Sand in die Augen streuen
dar a alg. gato por liebre (col), engañar a alg. con falsas apariencias, deslumbrar a alg. con promesas engañosas
No me gusta que me den gato por liebre, por eso no creo nunca a los charlatanes.

Sand • Sand ins Getriebe streuen
poner trabas, meter un palo en la rueda (col)
Deja ya de poner trabas perdiendo el tiempo adrede y ayúdanos de una vez a terminar el trabajo.

Sand • (Geld) in den Sand setzen
tirar / botar (Lam) el dinero (por la ventana) (col)
Desde que tiene familia ya no tira el dinero como hacía antes.

Sand • im Sand verlaufen
caer en el olvido, quedar en nada
La historia nos demuestra que las lecciones del pasado frecuentemente caen en el olvido.

sang • sang- und klanglos verschwinden
esfumarse (col), desaparecer por completo / completamente / sin dejar huella / como por arte de magia (col)
Estaba allí con nosotros, pero de repente se esfumó como por arte de magia.

Sattel • fest im Sattel sitzen
tener bien sujetas las riendas, tener algo completamente bajo control (col), tener algo dominado (col) / bien atado (col), tener su posición bien asegurada, estar firme en los estribos
Es tremendamente influyente en el partido y tiene a muchos miembros bajo (su) control.

sattelfest • sattelfest sein
dominar el tema / la materia, ser ducho en algo, saber cantidad (col) / un montón (col) / mogollón (de algo) (col) / la tira (col)
Como sabe un montón sobre el tema y tiene un excelente currículum le dieron el puesto.

Sau • unter aller Sau
malísimo, pésimo, espantoso, horrible, fatal, de pena (col), de puta pena (vulg), una (puta) mierda (vulg)
La última película de ese director es malísima.

Sau • wie eine gesengte Sau
como (un) loco, como un poseso (col), como alma que lleva el diablo (col)
Pasó por la plaza Mayor corriendo como un loco.

sauber • Bleib sauber!
¡No metas las narices! (col) / ¡No te entrometas! (col) / ¡Cuida / Ocúpate de tus asuntos! / ¡No metas la pata! (col) / ¡Cuídate (muy mucho) de no meter la pata! (col)

sauer • sauer auf jmd sein
estar cabreado (col) / mosqueado / rebotado (col) con alg.
Estoy cabreado con nuestro hijo porque hace lo que le da la gana sin consultarnos.

Saus • in Saus und Braus leben
darse (una) buena vida, darse la vida padre, darse una vidorra (col), vivir disipadamente, llevar una vida disipada, vivir en la abundancia
Se da la vida padre con el dinero que le da su madre.

Schach • jmd in Schach halten
tener en jaque a alg., mantener a raya a alg.
ETA y su entorno tuvieron en jaque a la sociedad vasca durante demasiados años.

schachmatt • jmd schachmatt setzen
poner a alg. en jaque (col), tener a su merced a alg. (col)
Con la información que habían obtenido sobre él lo tenían completamente a su merced.

Schachtel • eine alte Schachtel
una (vieja) solterona, un vejestorio, un carcamal (col)
En aquella oficina casi todos los empleados eran unos antipáticos y unos carcamales.

Schaden • aus Schaden klug werden
aprender de los errores / de los fallos / de la experiencia, De los escarmentados nacen los avisados. (prov)
Primero cometimos muchas equivocaciones, pero aprendimos de nuestros errores y ahora tenemos muy buena reputación.

Schaden • Wer den Schaden hat, braucht für den Spott nicht zu sorgen. (prov)
Además de cornudo, apaleado. (prov) / Al daño no le faltará la burla. (prov)

Schaf • das schwarze Schaf sein
ser la oveja negra / el garbanzo negro (de la familia) (col)
Eran tan estrictos que a él le tocó ser la oveja negra de la familia sólo por ser distinto.

Schäfchen • sein Schäfchen ins Trockene bringen
arrimar el ascua a su sardina (col), hacer su agost(ill)o (col) / su negocio (col), llevar (el) agua a su molino (col)
Muchos políticos se preocupan más de arrimar el ascua a su sardina que de cumplir sus promesas electorales.

Schalk • den Schalk im Nacken haben
ser un diablillo (col) / un diablo (col) / un pícaro (col)
Este niño es un diablillo, siempre intenta sacarme unas monedas.

schalten • schnell / langsam schalten
ser (muy) listo / (muy) torpe, ser despierto / lento (col), cazarlas al vuelo / no cazarlas (col)
Si le explicas algo a Emilio tienes que tener mucha paciencia: es lento.

schalten • frei schalten und walten können
tener (la) mano libre (col), poder hacer su gusto, poder disponer libremente, poder ir a su bola (col), poder campar a sus anchas (col) / por sus respetos (col)
Si me dan mano libre puedo cambiar algo; si no, prefiero no tener responsabilidades.

Scham • Ich wollte vor Scham in den Erdboden versinken.
Quería que me tragara la tierra. / (Pensé:) ¡trágame tierra! / Quería morirme de vergüenza.

Schande • Mach mir keine Schande!
¡No hagas que tenga que avergonzarme! / ¡No me dejes en ridículo! (col) / ¡No me deshonres! / ¡No me decepciones!

Schandtat • zu jeder Schandtat bereit sein
ser capaz de cualquier cosa / infamia / vileza / jugarreta (col)
Estos chicos son capaces de cualquier cosa cuando beben demasiado.

scharf • scharf nachdenken
pensarlo bien / detenidamente / con calma, consultarlo con la almohada (col)
Es una cuestión tan importante que necesito pensarlo bien.

Scharte • eine Scharte auswetzen
hacer las paces (col), reconciliarse, recuperar (lo perdido)
Me alegro de que por fin hayamos hecho las paces después de tantos años.

Schatten • nur noch ein Schatten seiner selbst sein
ser la sombra de uno mismo (col)
Cuando salió de la cárcel no era sino la sombra de sí mismo.

Schatten • alles in den Schatten stellen
hacer sombra a algo / a alg., eclipsar algo / a alg.
Es tan eficiente que eclipsa prácticamente a cualquiera que trabaje a su lado.

Schatten • nur noch ein Schatten seiner selbst sein
ser la sombra de uno mismo (col) / de lo que uno era (col)
Cuando la policía liberó al secuestrado, éste no era sino la sombra de sí mismo.

Schatten • alles in den Schatten stellen
hacer sombra a algo / a alg., eclipsar algo / a alg.
Miguel llegó al barrio y nos eclipsó a todos los demás: jugaba al fútbol divinamente.

Schatten • Große Ereignisse werfen ihre Schatten voraus.
Los grandes acontecimientos se ven venir / no llegan por sorpresa.

Schatz • nicht für alle Schätze der Welt
ni por todo el oro del mundo (col), por nada en el mundo (col)
No me gustaría vivir en otra ciudad ni por todo el oro del mundo.

Schau • jmd die Schau stehlen
robar(le) / quitar(le) a alg. el protagonismo, acaparar la atención de todos
El nuevo ministro les robó el protagonismo a todos los demás con su elocuencia.

Scheibe • Da kannst du dir eine Scheibe abschneiden.
Ya puedes seguir el ejemplo. / Ya puedes aprender de … / Ya te puedes aplicar el cuento. (col)
Ya puedes aprender de Daniel; él sí que sabe vivir la vida y superar los problemas.

Schein • mehr Schein als Sein
mucho por fuera, poco por dentro (col) / mucho continente y poco contenido (col)

Scheiß • Red keinen Scheiß!
¡No digas chorradas (col) / tonterías / estupideces / memeces (col)!

Scheiße • Scheiße bauen
hacer un disparate (col) / un desatino, liarla (col), jorobarla (col), joderla (bien jodida) (vulg), cagarla (vulg)
Tú llegarás primero, pero compórtate: que no se te ocurra hacer un disparate.

schenken • Das ist geschenkt!
¡Está regalado / tirado (de precio)! (col) / ¡No vale / cuesta nada! / ¡No es gran cosa!

schenken • einer Sache / jmd keinen Glauben schenken
no dar crédito a algo / a alg., no tragarse algo (col)
No le di ningún crédito a la excusa que puso para justificar su no asistencia a la feria.

scheren • sich nicht um etwas / jmd scheren
no importarle algo / alg. a una persona nada, (no) importarle algo / alg. a una persona un comino (col) / un pimiento (col) / un pepino (col) / un bledo (col) / un pito (col) / un cuerno (col) / una mierda (vulg) / tres (pares de) cojones (vulg)
Le importas un comino y no sé cómo no te das cuenta, pues siempre te toma el pelo.

Scherflein • sein Scherflein zu etwas beitragen
poner / aportar su granito de arena para algo (col), contribuir (modestamente) con una ayudita a algo
Como todo el mundo, puse mi granito de arena para ayudar a las víctimas.

Scheuklappen • Scheuklappen vor den Augen haben
tener anteojeras, no ver más allá de sus propias narices (col), ser estrecho de miras / de miras estrechas, ver el cielo por un embudo (col)
No nos apoyarán en la reunión: tienen anteojeras y no ven las ventajas de este negocio.

Schicksal • vom Schicksal gestraft sein
estar marcado por el destino, tenerla el destino tomada con alg. (col)
Ese país parece estar marcado por el destino: cuando no hay sequía hay inundaciones.

Schiff • klar Schiff machen
despejar, poner todo en orden (para empezar a hacer algo)
¡Qué desorden! ¡Venga, ya estáis despejando la mesa!

Schild • etwas (nichts Gutes) im Schilde führen
tramar / maquinar algo, no tramar nada bueno
Juraría que mis hijos no están tramando nada bueno ahora mismo.

Schimmer • keinen blassen Schimmer von etwas haben
no tener ni (la más remota) idea de algo (col), no tener ni puñetera (col) / pajolera (col) / puta (vulg) idea de algo, no saber ni jota (col) / pizca (col) / papa de algo (col)
La última pregunta no la pudo contestar porque no tenía ni idea de ese tema.

Schimpf • mit Schimpf und Schande
con cajas destempladas (col), de mala manera (col), a patadas (col), ignominiosamente
Lo echaron con cajas destempladas del concierto por haberse colado sin entrada.

Schinken • ein alter Schinken (Film, Buch)
¡Un tocho (Buch) / un paquete (Film) del año de la polca / pera / nana / nanita! (col)

Schippe • eine Schippe machen (ziehen)
hacer pucheros / pucheritos (col) (fast nur Kinder und eventuell auch Frauen)
Lo siento, pero hoy no podrá ser. Cuando salía de casa para ir al trabajo mi hija me dijo haciendo pucheritos: «Me has prometido ir luego al parque conmigo.» Así que ...

Schiss • Schiss haben
cagarse de miedo ante algo / alg. (vulg), cagarse en los pantalones ante algo / alg. (vulg), estar cagado de miedo por algo / alg. (vulg)
Parece fuerte y seguro de sí mismo, pero si aparece su mujer se caga en los pantalones.

Schlag • zum entscheidenden Schlag ausholen
dar / asestar el golpe de gracia (col), dar la puntilla (col)
Su falta de empatía le ha dado el golpe de gracia a nuestra amistad.

Schlag • Schlag bei jmd haben
tener mano con alg.
Como tengo mano con él, intentaré convencerle yo de que haga el viaje con nosotros.

Schlag • ein Schlag ins Kontor
un duro golpe, un golpe terrible
La recaída de la situación económica ha sido un duro golpe para los argentinos.

Schlag • ein Schlag ins Wasser
un desastre, un chasco, un fracaso, un fiasco
Le regalamos un viaje a la costa, pero fue un desastre porque no le gusta nada la playa.

schlagen • Ehe ich mich schlagen lasse ...
Antes de que me den ... / de que me maten ...

Schlamassel • Das ist vielleicht ein Schlamassel.
¡Estamos en un (buen) lío / follón! (col) / ¡En (buen) lío nos hemos metido! (col) / ¡Esto es un (buen) lío / follón! (col) / ¡Esto es la marimorena! (col) / ¡Menuda / Vaya marimorena (que se ha armado)! (col) / ¡Menuda / Vaya putada! (vulg)

Schlange • eine falsche Schlange sein
ser / estar hecho un Judas (col), un traidor
Supimos que era un Judas porque después no volvió a aparecer nunca más por allí.

schlau • aus etwas nicht schlau werden
no encontrarle a algo ni pies ni cabeza (col), no caer en la cuenta de algo (col), no coscarse de algo (col)
No le encuentro ni pies ni cabeza a esta pregunta. ¿Me puedes ayudar?

Schliff • etwas den letzten Schliff geben
dar a algo los últimos toques (col) / el último toque (col), ultimar algo
Estaba dándole los últimos toques de pintura al nuevo piso.

schlimm • Halb so schlimm!
¡No es para tanto! / ¡No hay para tanto! / No es tan fiero el león como lo pintan. (prov)

Schlinge • den Kopf aus der Schlinge ziehen
salir del atolladero / de un aprieto / de un apuro, salir bien parado / librado, librarse de un peligro
Salió del aprieto con un par de buenas ideas y ahora es un hombre exitoso y respetado.

Schlips • sich auf den Schlips getreten fühlen
ver alg. que se le toma por el pito de un sereno (col), sentirse ofendido / molesto
Vio que le estabas tomando por el pito de un sereno con tus pesadas bromas.

Schlips • in Schlips und Kragen
de punta en blanco (col), como un figurín (col)
Seguro que ya te han dicho que allí tienes que ir a trabajar siempre de punta en blanco.

Schloss • jmd hinter Schloss und Riegel bringen
meter a alg. entre rejas (col), poner a alg. a la sombra (col) / a buen recaudo (col)
El juez lo metió entre rejas por infringir la orden de alejamiento que le había impuesto.

Schlot • rauchen wie ein Schlot
fumar como una chimenea (col) / como un carretero (col)
Fuma como una chimenea: el olor en su piso es insoportable.

Schmetterling • Schmetterlinge im Bauch haben
estar enamorado
Por la cara que pone se le nota que está enamorado.

Schmiere • Schmiere stehen
asegurarse de que no hay moros en la costa (col), controlar (col), hacer de espía
Tú tienes que asegurarte de que no haya moros en la costa cuando salgamos de allí.

schmieren • wie geschmiert
(ir) sobre ruedas (col), (salir) a pedir de boca (col) / a las mil maravillas (col) / como la seda (col) / como un reloj
El curso fue sobre ruedas: todo salió a pedir de boca.

Schnäppchen • ein Schnäppchen machen
(conseguir /hacer / ser) una ganga (col) / un chollo (col) / una bicoca (col)
Yo me compro la ropa casi exclusivamente durante las rebajas: ¡es una ganga!

Schnauze • eine große Schnauze haben
ser un bocazas (col), tener un pico muy grande (col)
<u>Prahler:</u> ser un fanfarrón (col) / un farolero (col), darse mucha importancia
<u>Heldentaten:</u> ser un perdonavidas (col) / un valentón (col) / un matasiete (col)
No le puedes contar un secreto porque es un bocazas y todo lo va soltando por ahí.

Schnauze • die Schnauze halten
cerrar el pico (col) / la boca (col), meterse la lengua donde a uno le quepa (vulg), meterse la lengua en el culo (vulg)
Le dije que cerrara ya el pico porque no estaba diciendo más que tonterías.

Schneider • frieren wie ein Schneider
quedarse como un témpano (col) / helado / congelado, pasar un frío de órdago (col) / del copón (vulg) / de (mil pares de) cojones (vulg) / de la hostia (vulg)
Es un friolero, pero también un insensato: a pesar de que se lo desaconsejamos, salió a dar un paseo y, claro, se quedó como un témpano.

Schnelle • auf die Schnelle
a (toda) prisa, a toda pastilla (col) / leche (vulg), con prisa(s), a todo meter (col), de prisa y corriendo, echando leches (vulg), a toda hostia (vulg), cagando leches (vulg) / hostias (vulg)
Si sigues haciendo las cosas a toda prisa, es normal que te sigan saliendo muchas mal.

Schnippchen • jmd ein Schnippchen schlagen
dársela a alg. con queso (col), meter(le) un gol a alg. (col), timar / estafar / engañar a alg., dar(le) a alg. gato por liebre (col)
Nos prometieron muchas ventajas y beneficios, pero al final nos la dieron con queso.

schnuppe • Das ist mir schnuppe!
¡Me importa un comino / un pepino / un pimiento / un bledo / un rábano / un pito / una leche / un cuerno! (col) / ¡Me da igual / lo mismo! / ¡Tanto me da! / ¡Me importa una mierda / tres pares de cojones! (vulg) / ¡Me la suda / la pela / la trae floja! (vulg)

schön • zu schön, um wahr zu sein
demasiado bonito / lindo (Lam) para ser verdad
Me quedé atónito con su declaración de amor: era demasiado lindo para ser verdad.

schön • Das ist ja alles schön und gut, aber …
Todo eso está muy bien, pero … / Todo eso está de puta madre, pero … (vulg)

Schornstein • etwas in den Schornstein schreiben können
dar algo / a alg. por perdido
Después de escuchar la noticia de la bancarrota dimos nuestra inversión por perdida.

Schoß • Es fällt mir nichts in den Schoß.
A mí no me cae ningún regalo / nada del cielo. (col) / A mí no me regalan nada. (col)

Schoß • im Schoße der Familie
en el seno de la familia
Los mejores momentos de mi vida los he pasado en el seno de mi familia.

Schraube • eine Schraube locker haben
faltarle a alg. un tornillo (col), tener alg. los sesos en los calcañales (ant)
A veces, cuando escucho las cosas que dice, me parece que le falta un tornillo.

Schreck • mit dem Schrecken davonkommen
no ser / llevarse más que un susto, quedar(se) todo en un susto, salir bien parado, librarse de una (buena)
Ayer hubo un accidente en el metro, pero no hubo heridos: no fue más que un susto.

Schreck • der Schreck fährt jmd in die Knochen
encogérsele a uno el corazón, helársele a uno la sangre (col), bajársele la sangre a alg. a los talones (col), metérsele a alg. el miedo en el cuerpo (col), temblarle a alg. las piernas
Cuando le dijeron lo que pasaría si no dejaba de fumar se le heló el corazón.

Schreck • Der Schreck sitzt mir in den Knochen.
Estoy / Tiemblo como un flan. (col) / Tengo el susto metido en el cuerpo. (col) / Me tiemblan las piernas. (col)

Schritt • den zweiten vor dem ersten Schritt tun wollen
empezar a construir la casa por el tejado (col)
Luis es un desastre: cada vez que hace algo empieza a construir la casa por el tejado.

Schritt • auf Schritt und Tritt
<u>finden:</u> a cada paso, continuamente
<u>verfolgen:</u> vaya donde vaya, vayas donde vayas, vayamos donde vayamos … usw. (col)
No me gustan nada los pesados que te siguen vayas donde vayas.

Schuh • wissen, wo jmdn der Schuh drückt
saber dónde le aprieta a alg. el zapato (col), saber de qué pie cojea alg. (col)

Schuh • Umgekehrt wird ein Schuh draus!
¡Al revés! / ¡Al contrario!

Schuhe • jmd etwas in die Schuhe schieben
echarle / cargarle el muerto / el mochuelo a alg. (col), echarle la culpa a alg., pasarle a alg. la pelota / la patata caliente (col)
Esta vez eres el responsable aunque te salga mal: no vuelvas a echarle el muerto a otro.

Schulden • mehr Schulden als Haare auf dem Kopf haben
estar empeñado hasta las pestañas (col), tener más deudas que pelos en la cabeza (col)
No te devolverán nunca el dinero que les prestaste: están empeñados hasta las pestañas.

schuldig • jmd nichts schuldig bleiben
pagar con / en la misma moneda (col), dar a alg. a probar su propia medicina (col), responder en la misma medida
Ya no podía aceptar sus infidelidades, por eso ella le pagó con su misma moneda.

Schule • Schule machen
crear / hacer escuela (col), generalizarse, popularizarse
El modelo económico ultraliberal ha creado escuela en el mundo globalizado.

Schule • aus der Schule plaudern
írsele a uno la lengua (col), irse de la lengua (col), chivarse
¿Quién se ha ido de la lengua? ¡Sabíais que la información era secreta!

Schulgeld • Du kannst dir dein Schulgeld wiedergeben lassen.
¡La escuela / El estudio / Estudiar no te ha servido de mucho!

Schulter • etwas auf die leichte Schulter nehmen
tomar algo a la ligera (col), no hacer caso de algo / alg.
Dijo que tenía problemas pero me lo tomé a la ligera: nunca pensé que fuera tan grave.

Schulter • jmd die kalte Schulter zeigen
dar(le) / volver(le) la espalda a alg., dar de lado a alg. (col)
Estábamos de acuerdo en hacer negocios juntos, pero al final me dio la espalda.

Schuss • ein Schuss ins Schwarze
dar en la diana / en el blanco (col), hacer blanco / diana
Has dado en la diana con tu consejo: lo que necesito es cambiar de vida.

Schuster • Schuster, bleib bei deinen Leisten! (prov)
¡Zapatero, a tus zapatos! (prov) / (El) Zapatero, juzgue de su oficio y deje el ajeno (prov)

Schutt • in Schutt und Asche legen
reducir algo a cenizas / escombros, convertir algo en cenizas (col), dejar en ruinas
La explosión redujo el edificio a cenizas.

Schwalbe • Eine Schwalbe macht noch keinen Sommer. (prov)
Una golondrina no hace verano (, ni una sola virtud bienaventurado). (prov)

Schwamm • Schwamm drüber!
¡Pelillos a la mar! (col) / ¡No se hable más del asunto / de ello! (col) / ¡Pasemos página / hoja! (col) / ¡Lo pasado, pasado (está)! / ¡Olvidémoslo!

schwarz • schwarz arbeiten
(hacer) trabajo negro (col), trabajar en negro (Lam) (col) / clandestinamente
Actualmente cada vez más personas se ven obligadas a aceptar trabajo negro.

schwarz • schwarzfahren
viajar de gorra (col) / de gorrón (col) / sin billete
¡Joven, usted sabe que viajar de gorra en transportes públicos es una falta de civismo!

schwarz • schwarz für jmd / etwas sehen
verlo / estar (muy) negro / crudo / chungo para algo / alg. (col)
Cada vez está más negro para los jóvenes el conseguir un buen trabajo.

schwarz • etwas schwarz-weiß malen
verlo todo blanco o negro (col) / en blanco y negro (Lam) (col)
Lo malo de Alfonso es que lo ve todo en blanco y negro: para él no existen los matices.

schwarz • Da kannst du warten, bis du schwarz wirst!
¡Ya puedes esperar sentado (col) / hasta que se haga de noche (col) / hasta que te salga barba! (col)

Schweigen • sich in Schweigen hüllen
no soltar prenda (col), correr / echar un tupido velo (col), ocultarse tras un muro de silencio (col), guardar silencio, callarse
Si le preguntas por qué lo hizo no te soltará prenda.

Schweigen • Schweigen ist auch eine Antwort.
El que calla, otorga. (prov)

Schwein • Schwein gehabt!
¡Qué potra (col) / suerte (loca) (col) / golpe de suerte (he / has / ha … tenido)!

Schwein • Schwein haben
estar de suerte, tener potra (col) / una suerte loca (col) / un golpe de suerte
Estoy de suerte últimamente: todo me sale bien, incluso sin proponérmelo.

Seele • etwas liegt mir auf der Seele
algo me trae de cabeza (col) / me trae por la calle de la amargura (col) / me trae de culo (vulg) / me tiene preocupadísimo / me preocupa muchísimo
Los problemas de mis hijos me traen de cabeza.

Seele • sich etwas von der Seele reden
desahogarse / quitarse un peso de encima contándole algo a alg.
Ya no podía soportar la situación, por eso me desahogué con ella y se lo conté todo.

Seele • Dann hat die liebe Seele Ruh.
… y (tengamos la fiesta) ¡en paz! (col) / … y ¡santas pascuas! (col) / … y ¡sanse acabó! (col) / … y ¡a correr! (col)

Seele • jmd aus der Seele sprechen
expresar / decir exactamente lo que alg. piensa / siente, ponerle palabras a los sentimientos de alg., leerle a alg. los pensamientos (col)
Cuando me dio su opinión como madre, expresó exactamente lo que yo misma sentía.

Seele • jmd in tiefster Seele verletzen
partirle a alg. el alma (col), partirle / quebrarle a alg. el corazón (col), herir a alg. en lo más profundo (col) / donde más le duele (col)
Me partió el alma diciéndome que nuestra relación la había defraudado.

Seele • Zwei Seelen wohnen – ach – in meiner Brust.
Estoy desgarrado.

Seelenruhe • in aller Seelenruhe
con la mayor / con toda la cara dura / sangre fría (col) / frescura (del mundo), sin inmutarse
Con la mayor caradura me dijo que el regalo que yo le di se lo había regalado él a ella.

Segen • seinen Segen zu etwas geben
dar su bendición (col) / aprobación a algo / a alg., bendecir algo / a alg. (col)
Tras años de enfrentamientos, por fin mis padres dieron su bendición a mi trabajo.

sehen • Da kann man mal sehen!
¡Ahí se ve / está! (col) / ¡Ya (lo) ves / veis! (col) / ¡Ahí (lo) tienes / tenéis! (col)

sehen • Das kann sich sehen lassen.
(Es algo que) Merece la pena / la atención. / Vale la pena. / Es (como) para estar satisfecho / orgulloso.
Si no ha visto aún sus cuadros, se los recomiendo: merecen realmente la pena.

sehen • Jeder muss sehen, wo er bleibt.
Cada palo que aguante su vela. (prov) / Cada mozo lancee su toro. (prov)

Seifenblase • platzen wie eine Seifenblase
quedar en (agua de) borrajas, desvanecerse en el aire, reventar / explotar / estallar / romperse como una pompa de jabón (col)
Mi sueño de llegar a vivir un día de la música ha quedado en agua de borrajas.

Seiltanz • einen Seiltanz vollführen
andar / bailar en la cuerda floja, hacer malabarismos
Andamos en la cuerda floja para llegar a fin de mes: tenemos que hacer malabarismos.

Seite • Alles hat zwei Seiten
Todo / La moneda tiene dos caras. / Todo tiene su lado bueno y su lado malo.

Seite • sich von seiner besten Seite zeigen
mostrar su mejor cara / su lado bueno, comportarse impecablemente

Seitensprung • einen Seitensprung machen
tener una aventura / un lío (col) / un desliz, echar una cana al aire (col), cometer una infidelidad
Su infidelidad es enfermiza: no es capaz de mantener una relación sin tener aventuras.

selbst • Das versteht sich von selbst.
Se sobreentiende. / (Se) Cae por su propio peso. / Ni que decir tiene.

Semmel • weggehen wie warme Semmeln
venderse como churros (col) / como rosquillas (col)
Su primer disco pasó desapercibido, pero los siguientes se vendieron como churros.

Senf • seinen Senf dazugeben
meter baza (col) / su cuchara(da) (col), entrometerse
No puedo aguantar más que siempre quiera meter baza aunque no tenga ni idea.

Sense • Nun ist aber Sense!
¡(Ahora) ya está bien / ya es suficiente! / ¡Basta ya! / ¡Se acabó!

Sesam • Sesam öffne dich!
¡Ábrete Sésamo!

sicher • so gut wie sicher
(ser) prácticamente seguro / cosa prácticamente segura, (estar) prácticamente en el bote (col)
El pedido está prácticamente en el bote: el lunes llamarán para formalizar el contrato.

Sicherheit • sich in Sicherheit wiegen
creerse seguro, tener un falso sentimiento de seguridad
Es un error creerse seguro y a salvo de accidentes graves con un buen coche.

Sicht • auf lange Sicht
a la larga, a largo plazo
A la larga encontraremos una solución, pero ahora debemos tomar medidas.

Siebensachen • seine Siebensachen packen
liar los bártulos (col) / el hato (col) / el hatillo (col), hacer el hatillo (col), recoger sus cuatro cosas (col) / sus trastos (col)
Sin decir nada a nadie lió el hatillo y desapareció para siempre.

Sieg • den Sieg davontragen
salir vencedor / triunfante, llevarse la palma, triunfar, vencer
David Recuero salió vencedor del torneo de ajedrez de Linares.

Siegel • unter dem Siegel der Verschwiegenheit
bajo el sello del secreto / de la discreción, en la más estricta confidencialidad, confidencialmente, con la mayor discreción
No puedo decirte quién me ayudó porque lo hizo bajo el sello del secreto.

siegen • er kam, sah und siegte.
nur in der 1. Person: Veni, vidi, vici (Lat. Julius Caesar)
Vine, vi y vencí. / Viniste, viste y venciste. / Vino, vio y venció ... usw

Silber • ein Silberstreif am Horizont
una luz al final del túnel (col), un rayo / vislumbre de esperanza (en el horizonte) (col)
Latinoamérica está viendo ahora la luz al final del túnel tras siglos de dictadura.

singen • Das kann ich schon singen.
(Me) Lo sé / conozco de pe a pa. (col) / de cabo a rabo. (col)

Sinn • Bist du noch bei Sinnen?
¿Estás en tu (sano) juicio? / ¿Has perdido el juicio?

sitzen • jmd sitzen lassen
dejar a alg. plantado (col), dejar / abandonar a alg.

Socke • eine rote Socke sein
ser un rojo (col) / un camarada (col)
Desde la Guerra civil los franquistas llamaron rojos a todos los del bando republicano.

Socken • sich auf die Socken machen
poner pies en polvorosa (col), apretar la soleta (col), salir pitando (col), moverse (col)
A primera hora de la mañana pusimos pies en polvorosa para que no nos vieran allí.

spanisch • Das kommt mir spanisch vor.
Me suena a chino. (col) / Es como si me hablaran en chino. (col) / Es griego para mí. (col) / Está en arábigo. (col)

Späne • Wo gehobelt wird, fallen Späne. (prov)
El que con niños se acuesta, mojado / meado se levanta. (prov) / Quien cabras cría, va a juicio cada día. (prov)

Sparflamme • eine Beziehung auf Sparflamme halten
ir despacio / despacito (col) / a fuego lento, no precipitarse
Los dos queremos ir despacito con la relación, no queremos quemarnos en seguida.

Sparschwein • sein Sparschwein schlachten
romper la hucha (col), echar mano de / a los ahorros
Si la crisis económica continúa, vamos a tener que romper la hucha para sobrevivir.

Spaß • ein teurer Spaß
una diversion cara / costosa
Aunque no sea rico, le gustan las diversiones caras: coches deportivos, yates, golf, etc.

Spaß • Spaß muss sein.
Hay que divertirse. / Divertirse un poco no es malo. / Un poco de diversión no le hace daño a nadie. / Hay que ver el lado positivo / divertido de las cosas.

Spaß • keinen Spaß verstehen
no ser amigo de bromas, no estar para bromas / para tonterías, no aceptar bromas, ser muy serio

Spatz • Besser einen Spatz in der Hand als eine Taube auf dem Dach. (prov)
Más vale pájaro en mano que ciento volando. (prov) / Más vale pan solo en paz que pollos en agraz. (prov) / Más vale un «toma» que dos «te daré». (prov)

Spatz • Das pfeifen die Spatzen von den Dächern
Está en boca de todos. / Es la comidilla. (col) / Anda de boca en boca.

Speck • Ran an den Speck
¡Manos a la obra! (col) / ¡A trabajar!

Speck • Mit Speck fängt man Mäuse. (prov)
Las moscas se cazan con miel. (prov) / Se cazan más moscas con miel que con hiel. (prov)

Spesen • Außer Spesen nichts gewesen ...
Al cabo de la jornada, no tener nada. (prov)

Spiegel • sich etwas hinter den Spiegel stecken können
aplicarse el cuento (col) / la receta (col), poner en práctica, aprender la lección
¡Chúpate esa y aplícate el cuento! A ver si aprendes a predicar con el ejemplo.

Spiel • etwas / jmd aus dem Spiel lassen
dejar fuera / excluir (del asunto / de ello / del juego) algo o a alg.
Él también estaba allí, pero ahora lo dejamos fuera del asunto: la cosa va entre tú y yo.

Spiel • leichtes Spiel mit etwas / jmd haben
ser algo un juego de niños / un asunto fácil / pan comido (col), estar chupado (col) / tirado (col)
El trabajo será un juego de niños: sólo tenéis que servir las bebidas.

Spiel • etwas aufs Spiel setzen
poner algo en juego, jugarse algo, arriesgar algo
Para convencerles de que inviertan en el negocio has de poner en juego tu reputación.

Spieß • den Spieß umdrehen
darl(le) la vuelta a la tortilla (col), cambiar / volver las tornas
Me estaba ganando, pero le di la vuelta a la tortilla y en dos jugadas le di jaque mate.

Spießruten • Spießruten laufen
aguantar / sufrir algo, someterse a algo, pasar por las baquetas
Aguantó los cotilleos de todo el barrio, pero al final se demostró su inocencia.

Spitze • einer Sache die Spitze abbrechen / nehmen
quitarle hierro a algo (col), restarle / quitarle importancia a algo
La discusión era ya desagradable, así que le quité hierro al asunto y le di la razón.

Spitze • etwas auf die Spitze treiben
llevar algo demasiado lejos / hasta el extremo, sacarle a algo demasiada punta (col)
No se puede discutir con él porque siempre lleva sus argumentos hasta el extremo.

splitterfasernackt • splitterfasernackt sein
estar en pelota(s) (col) / en pelota picada (col) / en cueros (vivos) / en bolas (col) / como su madre lo trajo al mundo (col)
Parte del vecindario está escandalizado con la nueva vecina, que se pasea en pelotas por el piso y no ha puesto cortinas en las ventanas.

Spott • Spott und Hohn ernten
ser objeto de mofa y befa / de escarnio
Estoy harto de que mis propuestas sean siempre objeto de mofa y befa, así que dimito.

spotten • das spottet jeder Beschreibung
Esto supera cualquier descripción (posible). / No hay palabras para describirlo.
Las barbaridades cometidas en esta guerra superan cualquier descripción posible.

Sprache • Heraus mit der Sprache!
¡Habla (de una vez), hombre / mujer! / ¡Suéltalo (ya)! (col) / ¡Desembucha! (col)

Sprache • jmd verschlägt es die Sprache
quedarse alg. sin habla / mudo / boquiabierto (col) / con la boca abierta (col) / de una pieza (col) / pasmado (col)
La primera vez que ves una puesta de sol en Galicia te quedas sin habla.

Sprache • etwas zur Sprache bringen
poner sobre el tapete un asunto (col), sacar algo a relucir (col) / a colación (col), hablar de algo, poner palabras a algo
La película «Mar adentro», de Alejandro Amenábar, puso sobre el tapete el tema de la eutanasia y obtuvo el Oscar a la mejor película extranjera en 2005.

Sprache • etwas spricht eine deutliche Sprache
algo se echa de ver (en) (col) / se manifiesta claramente (en) / lo dice todo (col)
En sus gestos se echaba de ver claramente que estaba arrepentido de su osadía.

sprechen • Das spricht für dich.
Eso habla en tu favor / te da crédito.

Spreu • die Spreu vom Weizen trennen
separar el grano de la paja (bibl), separar las malas manzanas de las buenas (col)
La educación represiva del pasado pretendía separar el grano de la paja.

springen • etwas springen lassen
pagar (una ronda), ofrecer algo
En la excursión les ofrecí a todos unos bocadillos y les pagué una ronda de refrescos.

Spruch • Sprüche klopfen
venir con historias (col) / palabras huecas / palabras ampulosas, tirarse faroles (col)
El representante de la empresa vino con palabras huecas a la gala benéfica.

Sprung • den Sprung ins Ungewisse wagen
atreverse a dar el salto (a lo desconocido) / el paso (decisivo)
Por fin se decidió a dar el salto a lo desconocido: se va a vivir a Méjico en dos meses.

Sprung • jmd auf die Sprünge helfen
echar una mano a alg., ayudar a alg.
Avísame si quieres que te eche una mano con la mudanza.

Sprung • jmd auf die Sprünge kommen
andar / ir detrás de alg. (col), ir a por alg. (col)
Andan detrás del sospechoso del robo y parece que es alg. de la propia empresa.

Stab • den Stab über jmd brechen
condenar la conducta de alg., criticar severamente a alg.
Creo que no os habéis preguntado si tiene algún motivo antes de condenar su conducta.

Stand • einen schweren Stand haben
tenerlo difícil / crudo, no tenerlo fácil, no tenerlas todas consigo
La verdad es que lo tenía difícil para conseguir el crédito, pero finalmente lo logré.

Stange • eine Stange Geld
un dineral (col), una fortuna (col), un pastón (col), una pasta gansa (col), un montón / mogollón de dinero (col) / de pasta (col) / de guita (col) / de plata (Lam), una suma / cantidad (de dinero) considerable, una bonita suma / cantidad (de dinero)
La nueva casa que se van a comprar les va a costar un dineral.

Stange • jmd bei der Stange halten
contar con / conseguir el apoyo de alg., encontrar apoyo en alg.
No podremos contar con el apoyo de todos si no procedemos de manera democrática.

Stange • etwas von der Stange kaufen
comprar ropa de confección / hecha a medida
Para la boda me compraré un traje hecho a medida.

Start • einen guten / schlechten Start haben
tener un buen / mal comienzo (col), empezar bien / mal (col)
El restaurante tuvo un buen comienzo, pero no se mantuvo y lo dejaron a los tres años.

Staub • Staub aufwirbeln
positiv: causar sensación / furor / alboroto
Hoy día, músicos latinos como Shakira, Juanes o Maná causan furor en todo el mundo.
negativ: levantar / armar / mover (una) polvareda (col), provocar
La oposición está aprovechando la proximidad de las elecciones para armar polvareda.

Staub • vor jmd im Staube kriechen
arrastrarse (col) / humillarse ante alg.
Antes era una persona muy orgullosa, pero ahora se arrastra ante su jefe sin pudor.

Stecknadel • eine Stecknadel fallen hören können
no oírse el vuelo de una mosca (col)
Cuando subió el testigo principal al estrado no se oía el vuelo de una mosca.

Stecknadel • eine Stecknadel im Heuhaufen suchen
buscar una aguja en un pajar (col)
Buscar a mi tío cubano en Nueva York es como buscar una aguja en un pajar.

Stehaufmännchen • ein Stehaufmännchen sein
ser un luchador (nato) / un hombre indoblegable / un hombre tenaz, nada lo tumba (col) / puede con él (col)
Le han ocurrido todo tipo de desgracias, pero sigue en pie porque es un luchador nato.

stehen • So wahr ich hier stehe ...
... tan cierto como que estoy yo aquí ahora / como hay Dios / como dos y dos son cuatro.
Lo que te he contado es tan cierto como que estoy yo aquí ahora y me llamo Pedro.

stehen • etwas steht und fällt mit ...
depende (totalmente) de
Que podamos hacer el viaje depende completamente del dinero que ahorremos.

stehen • sich mit jmd gut / schlecht stehen
llevarse bien / mal con alg., (no) estar a bien / en buenas relaciones / en buenos términos con alg.
Nos llevamos igual de bien que el primer día después de 25 años de matrimonio.

Stein • da blieb kein Stein auf dem anderen
No quedó piedra sobre piedra. / Todo estaba en ruinas. / La destrucción fue total.
En aquella ciudad no quedó piedra sobre piedra tras el bombardeo enemigo.

Stein • der Stein des Anstoßes
manzana de la discordia, piedra de escándalo, escollo
La subida de los impuestos fue la manzana de la discordia en el seno del partido.

Stein • es ist zum Steinerweichen
es como para ablandar las piedras / para partir el alma (col) / para hacer llorar al más pintado (col) / para hacer llorar a las piedras

Stein • bei jmd einen Stein im Brett haben
hacer buenas migas con alg. (col), tener simpatía a alg.
Ha hecho buenas migas con él desde el primer momento y ahora son inseparables.

Stein • Stein und Bein schwören
jurar por todos los santos (col), jurar por sus muertos (col)
Juró por todos sus muertos que volvería, pero ya hace cinco años que nadie le ha visto.

Stein • Mir fällt ein Stein vom Herzen.
¡Se me ha quitado un gran peso de encima! (col) / ¡Qué alivio!

Stelle • Rühr dich nicht von der Stelle.
¡No te muevas de aquí / ahí! / ¡Estáte aquí / ahí quieto! / ¡Aquí / ahí, quieto (y) parao! (col)

Stelle • auf der Stelle treten
no avanzar / adelantar (ni un paso /nada), no ir a ningún sitio (col)
<u>Beim Militär:</u> marcar el paso
Tendremos que intentar hacerlo de otra manera porque así no avanzamos ni un paso.

stellen • auf sich selbst gestellt sein
tener que arreglárselas uno solo (col) / solito (col)
Ahora que se ha ido de la casa de sus padres se las tiene que arreglar el solito.

sterben • und wenn sie nicht gestorben sind, so leben sie noch heute ...
... y fueron felices y comieron perdices. / ... y colorín colorado, este cuento se ha acabado.

Sterben • kein Sterbenswörtchen
no decir ni (una) palabra / ni mu (col) / ni pío (col) / nada / esta boca es mía (col), no soltar prenda (col)
Éste será nuestro secreto, así que ni una palabra a nadie de todo esto.

Stern • etwas steht (noch) in den Sternen
Está todavía en el aire (col) / en manos del destino (col) / en manos de los dioses. (col)
No se han puesto aún de acuerdo, así que la decisión todavía está en el aire.
El accidente fue muy grave y él sigue en coma. Su vida está ahora en manos del destino.

Stern • unter einem guten Stern geboren sein
haber nacido con (buena) estrella, tener buena estrella
Su trabajo como reportero es peligrosísimo, pero tiene buena estrella y puede contarlo.

Stern • unter keinem guten Stern stehen
no haber nacido con / no tener buena estrella, estar marcado por el destino
Su matrimonio no ha nacido con buena estrella: les ocurre una desgracia tras otra.

Stern • für jmd die Sterne vom Himmel holen
traerle a alg. la luna si lo pide (col), ir hasta el fin del mundo por / con alg. (col)
Por ti sería capaz de ir al fin del mundo: te traería la luna si me lo pidieras.

Stich • einen Stich haben
bei Person: → (Dachschaden) estar tocado de la cabeza (col) / del ala (col)
Lebensmittel: pudrirse, echarse a perder (col), estropearse, pasarse (col)
Milch: cortarse (col), agriarse, perderse (col), pasarse (col)
Wein: picarse (col), avinagrarse, tener punta (col)
Ayer se fue la luz en casa y al llegar hoy de viaje tenía para cenar pescado pasado, leche cortada y vino picado: casi todo lo perecedero se había echado a perder.

Stich • jmd im Stich lassen
dejar a alg. en la estacada / plantado (col) / tirado (col) / colgado / (con) el muerto (col) / (con) el marrón (col) / solo ante el peligro (col), en las astas del toro (col)
Empezaron el trabajo juntos y cuando tenían que rematarlo la dejó en la estacada.

Stiefel • einen Stiefel vertragen
ser buen bebedor / un gran bebedor, tener aguante (col) / buen saque (col)
Es buen bebedor: cuando los demás están que se caen él podría seguir durante horas.

Stielaugen • Stielaugen machen
ponérsele a alg. / poner (los) ojos como platos (col), mirar con los ojos desorbitados
Al comprobar que le había tocado el primer premio se le pusieron los ojos como platos.

Stier • den Stier bei den Hörnern packen
coger / agarrar el toro por los cuernos (col)
Ahora que te quedas tú al frente del trabajo tienes que coger el toro por los cuernos.

Stil • im großen Stil
a lo grande (col), en gran escala
Celebraron una fiesta a lo grande y no faltaba nadie ni de nada.

Stimme • die Stimme der Vernunft
la voz / los dictados de la razón
A esa edad es normal que cometan pequeñas locuras y no escuchen la voz de la razón.

Stimme • einer inneren Stimme folgend ...
siguiendo (los dictados de) una voz interior ...
Dejó el alcohol y, siguiendo una voz interior, volvió con su familia y se hizo agricultor.

Stimme • die Stimmen mehren sich, dass ...
Aumentan las voces que dicen que ...

Stimme • der Stimme seines Herzens folgen
seguir la voz / los dictados del corazón
Don Quijote siguió los dictados del corazón, viviendo aventuras y soñando despierto.

stinken • Mir stinkt's.
Estoy hasta las narices (col) / la coronilla (col) / las cejas (col) / el culo (vulg) / las tetas (vulg) / el coño (vulg) / los cojones (vulg) / los huevos. (vulg)

stinken • nach Geld stinken
estar podrido de dinero (col), estar montado (col), salirle el dinero (hasta) por las orejas a alg. (col), ser un ricachón (col) / un ricacho (col)
Imagínate si estarán podridos de dinero que no saben exactamente ni lo que tienen.

stinken • nach Verrat stinken
oler / apestar a traición (col)
La actitud ambigua que mantuvo durante nuestro último encuentro huele a traición.

stinkvornehm • stinkvornehm sein
ser presuntuoso / afectado / relamido, dárselas de / ir de fino (col) / elegante (col)
Irene es muy presuntuosa, se cree siempre la más fina y elegante.

Stirn • jmd / etwas die Stirn bieten
plantar cara a algo / a alg. (col), enfrentarse / encararse con algo / con alg., hacer frente a algo / a alg., afrontar algo / a alg.
Nuestra relación no puede seguir así: o le planto cara o lo dejamos.

Stirn • jmd steht etwas auf der Stirn geschrieben
llevarlo escrito en la frente
Lleva escrito en la frente que es un ingenuo; no me extraña que le tomen el pelo.

Stirn • die Stirn haben, etwas zu tun
tener la cara (col) / el descaro (col) / el morro (col) / la frescura / la (poca) vergüenza / el valor / la osadía de (atreverse a) hacer algo, atreverse a hacer algo
Es increíble que tengas la cara de (atreverte a) decirme que te vas porque no te quiero.

stocknüchtern sein
estar completamente sobrio
No está borracho, es así de loco. Lo conozco bien y está siempre sobrio: no bebe jamás.

stocksauer • stocksauer auf jmd wegen etwas sein
estar cabreado (col) / muy mosqueado / furioso con alg. por algo, estar uno que muerde (col) / que trina (col) / que bota (col) / que rabia (col) / que echa chispas (col) con alg. por algo (col), estar a rabiar con alg. por algo
Eva está cabreada con Marta porque le dijo que su novio era un machista.

stopfen • jmd den Mund stopfen
taparle / cerrarle la boca a alg. (col), hacer callar a alg.
Aunque querían seguir discutiendo, ella les tapó la boca con un par de buenas razones.

Storch • vom Storch ins Bein gebissen worden sein
estar encinta / en estado (de buena esperanza / interesante) / preñada, tener (un) bombo (col)
No querían tener hijos, pero ahora que ella está encinta han cambiado de opinión.

Strafe • Die Strafe folgte auf dem Fuße.
estarle a uno algo / alg. pisando los talones (col), estarle a uno algo / alg. echándole el aliento (encima / en el cogote / en el cuello) (col), estar a uno algo / alg. siguiéndole de cerca
La policía le estaba pisando los talones y no tenía escapatoria, por eso se entregó.

strahlen • vor Freude strahlen
estar radiante / rebosante / exultante de alegría, estar (alegre) como unas Pascuas (col) / castañuelas (col), irradiar alegría
Cuando llegó a casa estaba radiante de alegría: por fin habían decidido casarse.

Straße • Das Geld liegt auf der Straße.
Se encuentra dinero hasta debajo de las piedras. (col) / Allí te haces de oro. (col)
Muchos emigrantes creen que van a encontrar dinero debajo de las piedras.

Straße • für etwas auf die Straße gehen
llevar algo a la calle, salir / echarse a la calle por / para algo
Los estudiantes llevaron a la calle su protesta con el lema: ¡Estudios para tod@s!

Straße • jmd auf die Straße setzen
poner a alg. de patitas en la calle (col) / en la puerta de la calle (col), echar a alg. a la calle (col), plantar a alg. en la calle (col)
Los pusieron de patitas en la calle después de vivir dos años allí ilegalmente.

Strecke • auf der Strecke bleiben
quedarse en la estacada (col) / a mitad de camino / en el camino, venirse abajo, fracasar
Reconozco que se ha quedado en la estacada nuestro intento de sanear la empresa.

Streit • einen Streit vom Zaun brechen
armar / buscar / desatar (una) camorra / pelea / gresca, armarla (col), liarla (col)
Con él hay que tener cuidado de que no beba, porque si no arma camorra seguro.

streiten • Wenn zwei sich streiten, freut sich der Dritte. (prov)
A río revuelto, ganancia de pescadores. (prov)

Strich • Das geht mir gegen den Strich.
(Esto / Eso) Me viene a contrapelo. (col) / Me viene mal. / No me conviene. / Va en contra de mis principios.

Strich • jmd einen Strich durch die Rechnung machen
desbaratar / contrariar / frustrar los proyectos / los planes de alg., echar por tierra los proyectos / planes de alg.
Fue una pena que la lluvia desbaratara nuestros planes de hacer la fiesta al aire libre.

Strich • auf den Strich gehen
hacer la calle (col), prostituirse en la calle
El barrio chino de Barcelona se conocía antes por ser el lugar en que se hacía la calle.

Strich • nur ein Strich (in der Landschaft) sein
estar (flaco) como un fideo (col) / en los huesos (col), estar esquelético (col), parecer un esqueleto (andante) (col), no ser más que piel y huesos (col)
«Pero, ¿que te ha pasado? Estás como un fideo.» – «Pues una depresión de caballo.»

Strick • Dann kann ich mir einen Strick nehmen.
Entonces me puedo pegar directamente un tiro. (col) / Entonces puedo darme ya por perdido.

Strick • wenn alle Stricke reißen ...
en el peor de los casos ...

Stroh • nur Stroh im Kopf haben
tener la cabeza llena de aire (col) / de serrín (col), ser un cabeza de chorlito (col), ser tonto de remate (col) / hasta decir basta (col)
Es inútil que se lo expliques porque no lo entenderá: tiene la cabeza llena de serrín.

Strohhalm • nach dem rettenden Strohhalm greifen
agarrarse a un clavo ardiendo (col) / de un pelo (col), pegarse como un náufrago a su tabla (col), aferrarse a cualquier esperanza
Si le das la posibilidad, se agarra a un clavo ardiendo para no ver la realidad de frente.

Stube • Herein in die gute Stube!
¡Adelante! / ¡Adentro! ¡Entra, hombre / mujer!

Stube • in der Stube hocken
ser muy casero (col) / trashoguero (ant), estar siempre metido en casa
Es un hombre muy casero y no hay manera de sacarlo de su tele, su sofá y el bricolaje.

Stück • Das ist ein starkes Stück!
¡Qué barbaridad (col) / fuerte (col) / pasada (col) / demasiao! (col) / ¡Es demasiao / una pasada! (col)

Stück • Das ist mein bestes Stück
Es la niña de mis ojos. (col) / Es mi orgullo / mi joya. (col)

Stück • aus freien Stücken
por iniciativa propia, por su voluntad, voluntariamente, por su cuenta, libremente
Sin que nadie le dijera nada, escribió la carta por su cuenta y la envió al periódico.

Stuhl • jmd den Stuhl vor die Tür setzen
poner a alg. de patitas en la calle (col), echar a alg. a la calle (col), plantar a alg. en la calle (col)
Los pusieron de patitas en la calle porque habían vivido ilegalmente allí dos años.

Stuhl • zwischen zwei Stühlen sitzen
nadar / estar entre dos aguas (col), estar entre Pinto y Valdemoro (col)
Estuvo nadando entre dos aguas con sus pretendientes y ahora se ha quedado sola.

Stumpf • etwas mit Stumpf und Stiel ausrotten
extirpar / eliminar de raíz, enterrar / desterrar del todo
Extirpemos de raíz la idea de la derrota, cambiemos de mentalidad y salgamos a ganar.

Stunde • von Stund an
a partir de ahora, de / desde hoy en adelante, desde este momento
A partir de ahora todo será diferente: tú te encargarás de los niños y yo de la casa.

Stunde • wissen, was die Stunde geschlagen hat
saber por dónde van los tiros (col), saber qué se está cociendo (col), saber de qué va el asunto, saber en qué dirección sopla el viento (col), saber a qué atenerse
Sé perfectamente de qué va el asunto: qué se coció entre ellos el domingo pasado, en qué dirección sopla ahora el viento y por dónde irán los tiros cuando nos veamos.

Stunde • seine Stunde kommen / nahen fühlen
saber que le ha llegado a uno su (última) hora (col) / la hora de la verdad (col)
Viendo a todos sus hijos ante él supo que había llegado su hora y podía morir en paz.

Stunk • Stunk machen
armar camorra (col) / bronca (col), armar / montar (un) escándalo (col) / (un) follón (col) / (una) bronca (col) / (una) marimorena (col), liarla (col)
Aunque venga buscando camorra no le hagáis ni caso, porque entonces sí que la lía.

Sturm • gegen etwas Sturm laufen
poner el grito en el cielo por / a causa de algo (col), protestar contra algo
Puso el grito en el cielo por el enfado que tenía contigo: ¿cómo pudiste olvidar la cita?

Sturm • ein Sturm im Wasserglas
una tormenta en un vaso de agua
Su disputa es parte del guión preelectoral, una simple tormenta en un vaso de agua.

Sturmschritt • im Sturmschritt
a paso ligero, a paso de carga (ant), a toda prisa / leche (vulg) / pastilla (col), a todo meter (col), a toda hostia (vulg)
Hoy nos hemos pasado la hora de gimnasia corriendo a paso ligero en torno al colegio.

Suppe • jmd die Suppe versalzen
aguar(le) / amargar(le) / arruinar(le) la fiesta a alg. (col), fastidiarle algo a alg.
El cambio de fecha para el partido nos agua la fiesta, sólo habrá un día de descanso.

Süßholz • Süßholz raspeln
pelar la pava (col), arrullar(se) (col), hacer arrumacos (col), echar piropos (col) / flores (col)
Están tan enamorados que es una delicia verlos pelando la pava todo el santo día.

Tablett • jmd etwas auf dem silbernen Tablett servieren
servir / poner algo a alg. en bandeja (de plata) (col), poner algo a alg. a pedir de boca (col) / a huevo
Por amistad le pusieron en bandeja la solución a sus problemas, pero a ver qué pasa ...

Tabula • Tabula rasa machen
hacer tabla rasa / tabula rasa, hacer borrón y cuenta nueva (col)
Se han reconciliado y quieren hacer tabla rasa con el pasado e iniciar una nueva etapa.

Tacheles • mit jmd Tacheles reden
hablar en plata (col) / sin tapujos (col) / sin rodeos / francamente
Te hablaré sin tapujos: si me dejas el coche hoy, puedes pedirme luego lo que quieras.

Tag • bis auf den heutigen Tag
hasta el día de hoy, hasta ahora
Dijo que iba a comprar tabaco y hasta el día de hoy no le han vuelto a ver el pelo.

Tag • am hellichten Tage
a plena luz del día, en pleno día
La novedad del barrio es el caso del ladrón que ataca en pleno día y a punta de navaja.

Tag • noch ist nicht aller Tage Abend
No hagas las cuentas de la lechera. (col) / ¡Todavía puede pasar de todo!
<u>negatives Ergebnis erwartet:</u> Todavía no sabemos cómo terminará esto.
<u>man hofft noch auf ein positives Ergebnis:</u> ¡No tires la toalla (col) / te rindas todavía! (col) / ¡Nunca se sabe! / ¡Todavía no está todo perdido!

Tag • etwas an den Tag bringen
sacar algo a la luz, revelar algo
Una denuncia anónima sacó a la luz una red de inmigración ilegal y de trabajo negro.

Tag • auf den Tag genau
Ni un día más ni un día menos, exactamente
Llevo en Bilbao seis años y diez meses, ni un día más ni un día menos.

Tag • seine Tage sind gezählt
Sus días están contados.
Si no aceptas las normas más elementales de convivencia tus días aquí están contados.

Tag • einen guten / schlechten Tag haben
tener un buen / mal día (col), estar de buen / mal humor
Ayer tuve un mal día y no di pie con bola: todo me salió mal.
nur schlecht: ¡Es uno de esos días en que es mejor no levantarse! / ¡Hoy no es mi día!

Tag • in den Tag hineinleben
vivir al día / el presente
Como no tiene ganas de comprometerse con ningún trabajo vive simplemente al día.

Tag • den lieben, langen Tag lang
todo el santo día (col), todo el puto día (vulg)
Está todo el santo día obsesionado con el trabajo; no se relaja ni un minuto.

Tag • viel reden, wenn der Tag lang ist
hablar por hablar, hablar no cuesta nada
Para ti es fácil hablar porque nunca haces nada; claro, como hablar no cuesta nada ...

Tag • Man soll den Tag nicht vor dem Abend loben. (prov)
No hay que echar las campanas al vuelo antes de tiempo. (prov)
No hay que vender la piel del oso antes de haberlo matado. (prov)
No se puede recoger la cosecha, antes de la siembra. (prov)

Tag • Es ist nicht alle Tage Sonntag. (prov)
No todos los días es fiesta (col) / Navidad. (col)

Tamtam • ein großes Tamtam machen
armar / montar un buen alboroto / jaleo (col) / escándalo
Yolanda nos armó un buen alboroto con los preparativos para la mudanza.

Tante • Tante-Emma-Laden
la tienda de la esquina
Las vecinas se montan todos los días una buena tertulia en la tienda de la esquina.

Tarantel • wie von der Tarantel gestochen
como si le hubiera picado un bicho (col), como alma que lleva el diablo (col)
Vio algo y salió del agua corriendo como si le hubiera picado un bicho.

Tasche • jmd auf der Tasche liegen
vivir a costa / a expensas de alg. (col), vivir de gorra (col), ser (un) parásito
José es un auténtico parásito; siempre está viviendo de gorra a costa de alg ...

Tasche • jmd in die Tasche stecken
darle mil vueltas a alg. (col)
Borja siempre era el mejor en el colegio y les daba mil vueltas a todos los demás.
FA: meterse a alguien en el bolsillo: jmd. für sich gewinnen

Tasse • eine trübe Tasse sein
ser un muermo (col) / un aguafiestas
Es mejor que no venga porque es un muermo total y seguro que nos amarga el viaje.

Tat • jmd auf frischer Tat ertappen
pillar a alg. con las manos en la masa (col) / in fraganti (col) / en plena faena (col)
Pillamos a los niños con las manos en la masa: ¡se estaban comiendo la tarta!

Tatsache • nackte Tatsachen
la cruda realidad, el hecho innegable
La cruda realidad era que no podíamos hacer nada para ayudarle.

Tatsache • jmd vor vollendete Tatsachen stellen
poner a alg. ante hechos consumados
Le molestó que le pusieran ante hechos consumados y no le pidieran antes su opinión.

Taubenschlag • Es geht hier zu wie im Taubenschlag.
¡Esto es una casa de putas! (vulg) / ¡Esto es la casa de tócame Roque!

Taufe • etwas aus der Taufe heben
apadrinar algo, lanzar algo al mercado, ser padrino / madrina de algo / de alg.
Aunque no participó en su desarrollo, ha apadrinado el nuevo sistema con entusiasmo.

Tee • Abwarten und Tee trinken.
¡Espera y (lo) verás! (col) / ¡paciencia y (a) barajar! (col)

Teil • sich seinen Teil denken
morderse la lengua, reservarse / guardarse el juicio / la opinión, guardar silencio
Como ya lo conozco y es mejor no tomarse lo que dice en serio, me mordí la lengua.

Teller • nicht über den eigenen Tellerrand blicken können
ser incapaz de ver más allá de sus propias narices (col), no (poder) ver más allá de sus propias narices (col)
Pepe no ve más allá de sus propias narices: nunca prevé las reacciones de los demás.

Teppich • Nun bleib mal auf dem Teppich!
¡Mantén los pies en / sobre la tierra! (col) / ¡No te dejes llevar (y mantén la calma)!

Teppich • etwas unter den Teppich fegen / kehren
barrer debajo de la alfombra (col), ocultar / disimular algo
¿Por qué no dejas de barrer debajo de la alfombra y nos dices de una vez qué pasó?

teuer • Das wird dich teuer zu stehen kommen!
¡Esto te saldrá / costará / resultará caro! (col) / ¡Esto te va a salir / costar / resultar caro! (col)

Teufel • jmd zum Teufel jagen
echar a alg. con cajas destempladas (col), echar a alg. de mala(s) manera(s), mandar a alg. al carajo (vulg)
Como molestaba a los clientes, tuvieron que echarle de allí con cajas destempladas.

Teufel • den Teufel im Leibe haben
tener el diablo (metido) en el cuerpo (col), ser el mismísimo demonio (col)
Hace todo con tal maldad que yo no sé si no tendrá el diablo metido en el cuerpo.

Teufel • Wenn man vom Teufel spricht ...
Hablando del rey / ruin de Roma, por la puerta asoma. (prov)

Teufel • Mich muss der Teufel geritten haben!
¡(Yo) No sé qué demonios me ha pasado (col) / qué mosca me ha picado! (col)

Teufel • auf Teufel komm raus
a toda costa, cueste lo que cueste
Hay que terminar el trabajo hasta el lunes a toda costa, así que dejémonos de detalles.

Teufel • in Teufels Küche kommen
meterse en un lío / follón de mil demonios (col), meterse en un buen lío (col) / follón (col)
No aceptes al Sr. Roldán como socio; si lo haces, te puedes meter en un buen lío.

Teufel • Den Teufel werde ich tun!
¡y un cuerno (col) / una leche (vulg) / un pimiento (col) / una mierda! (vulg) / ¡ni de broma / de coña! (col) / ¡ni pensarlo! /¡ni hablar (del peluquín)! (col) / ¡ni por esas! / ¡ni harto de vino (col) / de grifa! (col) / ¡ni borracho! (col)

Theater • Theater machen
montar una escena por algo, hacer teatro / (muchos) aspavientos por algo
Cada vez que está enfermo nos monta una escenita digna de un moribundo.

Theater • jmd ein Theater vorspielen
hacer teatro ante alg., fingir
No hagas tanto teatro ante nosotros, que te conocemos bien y sabemos cómo estás.

Thema • Für mich ist das Thema erledigt.
Para mí el asunto está zanjado / concluido.

Thema • Thema Nr. 1
sexo, lo que tú ya sabes (col), el asuntillo (col)
Manolo es incorregible, ya lo conoces: siempre está pensando en lo que tú ya sabes.

ticken • Du tickst wohl nicht richtig!
¡A ti te falta un tornillo! (col) / ¡Tú estás majara (col) / colgado (col) / pallá (col)! / ¡Tú estás como una cabra / como una regadera (col) / ¡Tú estás (tocado) del ala (col) / (mal) de la cabeza! (col)

tief • Das lässt tief blicken!
¡Eso da que pensar! (col) / ¡Eso lo dice todo! (col) / ¿Qué más se puede decir?

tief • tief gesunken sein
haber venido a menos
Su empresa ha venido a menos y ha pasado de liderar el mercado a ser sólo una más.

Tiefe • aus der Tiefe seines Herzens
desde lo más hondo / lo más profundo de su corazón
Ese día se sinceró conmigo y me habló desde lo más hondo de su corazón.

Tiefschlag • jmd einen Tiefschlag versetzen
dar(le) / asestarle a alg. un golpe bajo
Diciendo las barbaridades que dices estás dándole un golpe bajo a tu mejor amigo.

Tier • ein hohes (großes) Tier sein
ser un pez gordo (col) / un pájaro gordo (ant) (col) / un personaje de muchas campanillas (col)
Yo no puedo hacer nada; para conseguir algo tenéis que hablar con un pez gordo.

Tier • Jedem Tierchen sein Pläsierchen. (prov)
Cada loco con su tema.

Tisch • reinen Tisch machen
hacer tabla rasa / tábula rasa, acabar con algo, aclarar las cosas, solucionar los problemas
En nuestra familia hacemos tabla rasa antes de Navidad para tener la fiesta en paz.

Tisch • vom Tisch sein
estar despachado / arreglado / solucionado / resuelto / liquidado
El problema que más nos preocupaba ya está despachado; ahora hablemos del futuro ...

Tobak • Das ist starker Tobak!
¡Es(t)o es demasiado (col) / una pasada! (col) / ¡Es(t)o pasa de castaño oscuro (col) / de la raya!

Tod • vom Tode gezeichnet sein
llevar la muerte escrita en la cara (col)
Cuando vi a mi abuela por última vez llevaba ya la muerte escrita en la cara.

Tod • Des einen Tod ist des anderen Brot. (prov)
No hay mal que por bien no venga. (prov)

Tod • sich den Tod holen
pillarse / coger un resfriado / catarro / pulmonía de muerte
Tú métete en el lago con el frío que hace, que te vas a pillar un resfriado de muerte.

Tod • jmd / etwas auf den Tod nicht ausstehen (leiden) können
odiar algo / a alg. a muerte, tener a algo / a alg. un odio mortal, no (poder) tragar algo / a alg. (col)
Odio a muerte a las personas que son maleducadas, egoístas y envidiosas.

Tod • über Tod und Teufel reden
hablar de lo divino y de lo humano, hablar de lo vivido y de lo por vivir, hablar de todo
No nos habíamos visto en diez años y pasamos toda una tarde hablando de lo divino y de lo humano.

Tomate • Du treulose Tomate!
¡Valiente amigo! (col)
ironisch: ¡(Eres) Un amigo cojonudo (vulg) / acojonante (vulg) / de puta madre (vulg) / de la hostia (vulg)!

Tomate • rot wie eine Tomate werden
ponerse rojo como un tomate
Me puse rojo como un tomate cuando no pude contestar durante el examen oral.

Ton • der gute Ton
las buenas formas, el buen tono
En este puesto de recepcionista es fundamental guardar siempre las formas.

Ton • Hat man da Töne!
¡Lo que hay que oír / ver! (col) / ¡Habráse visto! (col)

Ton • den Ton angeben
llevar la voz cantante / la batuta (col)
¡Esto es el colmo: parece que en esta casa son los niños los que llevan la voz cantante!

Ton • (nicht) den richtigen Ton finden
(no) encontrar el tono adecuado
Son un público muy especial, para ganártelo has de encontrar el tono adecuado.

Ton • jmd / etw in den höchsten Tönen loben
poner algo / a alg. por las nubes, hablar / decir / contar maravillas de algo / de alg.
Te he puesto por las nubes, así que no me dejes en mal lugar cuando hables con ellos.

Ton • Der Ton macht die Musik.
Lo que cuenta no es lo que dices sino cómo lo dices.

Ton • große Töne spucken
darse importancia / tono (col), tirarse el moco (vulg), hinchársele la boca a alg. con algo (col)
Él siempre se da mucho tono y, cuando habla de su familia, se le hincha la boca con ella.

Topf • Alles in einen Topf werfen.
meter todo en el mismo saco (col), confundir(lo) / mezclar(lo) todo, generalizar
Cada vez resulta más fácil hacerlo, pero no se debe meter en el mismo saco a todos los políticos: algunos anteponen el bien común a sus intereses particulares

Torschluss • kurz vor Torschluss
por los pelos, justo a tiempo
Llegué al concierto por los pelos, un poco más y no me habrían dejado entrar.

tot • sich totlachen
morirse de risa (col), partirse de risa (col), mondarse de risa (col), reventar de risa (col), desternillarse (de risa) (col), mearse de risa (vulg)
Cada vez que Juan cuenta un chiste me muero de risa; los sabe contar muy bien.

Tour • krumme Touren machen
hacer juego sucio (col), no jugar limpio (col)
Sí, le van muy bien los negocios, pero ha llegado al éxito haciendo juego sucio.

Tour • etwas auf die sanfte Tour versuchen
intentar algo dorando la píldora (col) / dando coba (col)
Intentó justificar su negativa dorando la píldora, pero yo ya conocía sus intenciones.

Touren • auf vollen Touren (laufen)
<u>Maschinen / Arbeit:</u> a toda máquina, a pleno rendimiento
<u>Veranstaltungen:</u> muy animado, a tope (col)
La fiesta estaba a tope cuando llegamos nosotros.

Trab • jmd in Trab halten
(man)tener a alg. ocupado
Me tuvieron ocupado toda la tarde en la editorial con reuniones y más reuniones.

Tracht • jmd eine Tracht Prügel verabreichen
darle a alg. una tunda (col) / una paliza / una zumba (Lam) (col)
Me dieron ganas de darle una paliza, pero por suerte pudo más la razón.

Träne • keine Träne wert sein
no valer / merecer la pena llorar por algo / alg.
No merece la pena que sigas llorando por ese hombre, te habría amargado la vida.

Tränendrüse • auf die Tränendrüse drücken
ser sentimentaloide (col) / sensiblero / lacrimógeno, ser un dramón (col)
Su primera novela me gustó, pero la segunda me pareció demasiado sentimentaloide.

Traum • Das hätte ich mir in meinen kühnsten Träumen nicht einfallen lassen.
Eso / Esto no habría / hubiera podido imaginármelo ni (siquera) en sueños.

Traute • keine Traute haben
no tener valor / coraje / huevos (vulg) / pelotas (vulg) / cojones (vulg)
Si no ha salido de su ciudad es porque le falta coraje para hacerlo.

Treppe • die Treppe hinauffallen
caerle a uno un ascenso (como llovido) del cielo (col)
¡Qué suerte! Empezó a trabajar hace seis meses y ya le ha caído del cielo un ascenso.

treu • treu und brav
(bueno como) un trozo de pan (col), un ángel / un angelito, buen(a) chico / chica
Antonio Ángel es más bueno que un trozo de pan y siempre te echa una mano.

Treue • in alter Treue
por los viejos tiempos, en honor al pasado
Fui al bar al que íbamos como estudiantes y me tomé una caña por los viejos tiempos.

Treue • auf Treu und Glauben
de buena fe, con la mejor intención
No sé por qué se enfadó; yo obré de buena fe y le advertí de los peligros que corría.

Trick • den Trick raus haben
haber pillado el truco / el truquillo / el tranquillo
Estuvo perdiendo al futbolín hasta que le pilló el truco, y luego ya nadie pudo ganarle.

Tropfen • ein Tropfen auf einen heißen Stein
una gota en la inmensidad del mar / en medio del océano
Sé que mi labor social no es más que una gota en la inmensidad del mar, pero es algo.

trübe • im Trüben fischen
pescar en río revuelto / en aguas turbias, A río revuelto, ganancia de pescadores.(prov)
Podría pescar en río revuelto aprovechándome de su situación, pero no es mi estilo.

Trübsal • Trübsal blasen
estar hecho polvo (col) / triste / deprimido / bajo de moral / abatido, tener murria (col)
Cuando la dejó su novio estuvo unas semanas hecha polvo, pero ahora es feliz con Teo.

Trumpf • noch einen Trumpf in der Hand haben
tener un as (col) / una carta en la manga (col)
Él no sabía que yo tenía un as en la manga y cuando lo utilicé se quedó sin palabras.

Trumpf • alle Trümpfe in der Hand halten
tener todos los triunfos / ases en la mano (col)
Ellos tienen todos los triunfos en la mano, así que será mejor olvidarse de este negocio.

Tube • auf die Tube drücken
<u>Auto:</u> pisar el acelerador, pisarle (col), darle zapatilla (col) / caña (col)
El taxista le pisaba que daba gusto, por eso le dije que fuera más despacio.

Tuch • wie ein rotes Tuch wirken
sacar a alg. de sus casillas (col), sulfurar a alg.
Jorge me sacaba siempre de mis casillas porque no podía soportar su frivolidad.

tun • Da kriegst du es mit mir zu tun!
Te las verás conmigo. / Tendrás que vértelas conmigo.

tun • Man muss für sein Tun einstehen
A lo hecho, pecho. (prov)

Tüpfelchen • das Tüpfelchen auf dem i
la guinda (que corona la torta) (col)
El título mundial de Fernando Alonso es la guinda para el buen año del deporte español.
FA: poner los puntos sobre las íes: die Sachen klarstellen

Tür • offene Türen einrennen
malgastar energías, decir cosas que todo el mundo sabe
No insistas en que no se lo cuente a tu padre porque malgastas energías: ¡ya lo sabe!

Tür • mit der Tür ins Haus fallen
descolgarse con algo (col), dejar escapar algo, contar algo de buenas a primeras, ir directamente al grano (col), hablar sin rodeos (col)
Se descolgó con que le habíamos decepcionado, pero también tuvo que oírnos a nosotros.

Türke • einen Türken bauen / etwas türken
hacer un chanchullo (col), manipular algo
José estaba nervioso, pues era la primera vez que hacía un chanchullo en el balance.

Tuten • von Tuten und Blasen keine Ahnung haben
no saber ni jota (col), no saber de la misa la media (col), no tener ni pajolera (col) / ni puta idea (vulg)
Se las da de entendido pero no sabe ni jota del asunto.

Übel • ein notwendiges Übel sein
ser un mal necesario, ser un mal menor
La cárcel es un mal necesario.

übel • jmd übel mitspielen
jugarle una mala pasada a alg., hacerle a alg. una (buena) faena / una putada (vulg)
Eva y Marta le jugaron una mala pasada a Pablo dejándolo solo ante el jefe.

überhören • Das möchte ich überhört haben!
¡Prefiero pasarlo por alto / no tenerlo en cuenta! / ¡No he oído nada!

überleben • Ich werd's überleben.
Lo superaré. / Sobreviviré. / Saldré de ésta.
<u>finanziell:</u> No me voy a hundir en la miseria.

überleben • Das überleb ich nicht!
¡Esto será para mí un golpe mortal! / ¡Esto no lo supero / superaré! / ¡Esto me da / dará la puntilla! (col)

Überlegung • nach reiflicher Überlegung
después de consultarlo con la almohada (col) / pensarlo mucho / bien, tras madura reflexión
Les pedí tiempo y, después de consultarlo con la almohada, acepté su propuesta.

übrig • etwas für jmd / eine Sache übrig haben
tener una debilidad (col) / simpatía por alg. / por una cosa
Sin darse cuenta educó mal a su hijo menor, pues tenía una debilidad por él.

Übung • Übung macht den Meister. (prov)
Laborando se aprende el oficio. (prov) / La práctica hace al maestro. (prov) / Practicar hace maestro; que no leer en el cuaderno. (prov) / El uso hace diestro, y la destreza, maestro. (prov)

Uhl • Des einen Uhl ist des anderen Nachtigall. (prov)
Por lo que uno tira, otro suspira. (prov) / Lo que de uno es desechado, es de otro deseado. (prov)

Uhr • seine Uhr ist abgelaufen
Le ha llegado su hora. (col) / Sus días están contados. (col) / Todo se acabó para él (col)

umbringen • sich fast umbringen (vor Freundlichkeit)
desvivirse en atenciones
Es el mejor anfitrión que puedas imaginarte; se desvive en atenciones con sus invitados.

Umnachtung • in geistiger Umnachtung
no estar en sus cabales / en su sano juicio, estar fuera de juicio
Creo que no estabas en tus cabales cuando rechazaste ese trabajo tan bueno.

ungebunden • frei und ungebunden sein
ser libre como el viento / como el aire (col), estar libre y sin compromiso / no comprometido
<u>Beziehung:</u> soltero y sin compromiso
A Javier le gusta ser libre como el viento, por eso está soltero y sin compromiso.

Ungeschick • Ungeschick lässt grüßen!
<u>andere Person:</u> ¡Manazas!
<u>selbst:</u> ¡Hoy estoy muy torpe!

ungeschoren • ungeschoren davonkommen
salir uno ileso, salir uno sin que le hayan tocado un pelo (col) / sin despeinarse (col)
Pensábamos que aquella discusión terminaría mal, pero salimos de allí sin despeinarnos.

ungesund • Allzuviel ist ungesund.
Todo es malo en exceso. / Todos los excesos son malos / se pagan.

Unglück • Ein Unglück kommt selten allein. (prov)
Las desgracias nunca vienen solas. (prov) / No hay dos sin tres. (prov) / Bien vengas mal, si vienes solo. (prov) / Un abismo llama a otro. (prov)

ungut • Nichts für ungut!
<u>positiver Zusammenhang:</u> ¡No hay de qué!
<u>negativer Zusammenhang:</u> ¡No te lo tomes / se lo tome usted a mal / a pecho! / ¡Sin ánimo de ofender!

Unkenntnis • Unkenntnis schützt vor Strafe nicht. (prov)
La ignorancia (de las leyes) no sirve de excusa / no exime de culpa.

Unschuld • wie die Unschuld vom Lande
ser la inocencia en persona / personificada (col), ser una mosquita muerta (col)
No creo que Daniela haya dicho tal barbaridad, porque es la inocencia en persona.

unsterblich • unsterblich verliebt sein
estar locamente / perdidamente enamorado, estar coladito hasta los huesos (col) / hasta el tuétano (col)
Aunque no sea muy original, estoy locamente enamorado de mi mujer.

unten • Der ist unten durch bei mir.
Ya no quiero saber nada más de él. / Para mí es ya como si no existiera. / Para mi es como si se hubiera muerto. / Hemos terminado.

unten • ganz unten sein
estar hundido / tirado (col) / hecho polvo (col) / desesperado, no saber qué hacer
Últimamente me han pasado tantas desgracias que estoy completamente hundido.

unten • nicht mehr wissen, was unten und oben (hinten und vorne) ist
Ya no sé ni dónde tengo la cabeza. (col) / Ya no sé si voy o vengo (col) / si entro o salgo. (col)

unterbuttern • sich nicht unterbuttern lassen
no dejar uno que le coman la moral (col) / el coco (col), no dar su brazo a torcer (col), tenerlo claro, tener las ideas muy claras
Carlos está decidido a ir a juicio, por mucho que insistas no dará su brazo a torcer.

unverhofft • Unverhofft kommt oft. (prov)
Donde menos se piensa, salta la liebre. (prov)

unversucht • nichts unversucht lassen
remover Roma con Santiago (col), no escatimar / ahorrar esfuerzos, probarlo / intentarlo todo, no dejar piedra por mover (col), echar / poner toda la carne en el asador (col)
Los vecinos del lugar removieron Roma con Santiago para obtener una nueva escuela.

Ursache • Keine Ursache!
¡De nada! / ¡No hay de qué! / ¡No las merece!

Ursache • Kleine Ursachen, große Wirkung. (prov)
De pequeña centella, gran(de) hoguera. (prov) / Con chica brasa se enciende una casa. (prov) / De pequeña pelea nace muy gran rencor. (prov)

Usus • Das ist hier so Usus.
Es (la) costumbre (de) aquí. / Es lo que se estila aquí.
Tendréis que acostumbraros a levantaros y acostaros pronto porque es costumbre aquí.

Vandalen • sich aufführen wie die Vandalen
comportarse como (unos) vándalos / salvajes / bárbaros / gamberros, desmandarse, desbocarse
Cuando beben, se comportan ustedes como vándalos. En el calabozo podrán meditarlo.

Vater • Wie der Vater, so der Sohn. (prov)
De tal palo, tal astilla. (prov)

Veilchen • ein Veilchen haben
tener un ojo morado / amoratado
Si no quieres salir con un ojo morado, aprende a no discutir.

verachten • Das ist nicht zu verachten!
¡No es de despreciar / de desdeñar! / ¡No es despreciable / desdeñable! / ¡No es moco de pavo! (col)

Verachtung • jmd mit Verachtung strafen
castigar a alg. con (su) desdén / (su) desprecio / con el látigo de su indiferencia (col)
Parece como si quisiera castigarnos con su desprecio, pero no sé por qué.

Verbindung • seine Verbindungen spielen lassen
poner en juego sus relaciones / conexiones
Juan puso en juego sus relaciones para conseguir el puesto que buscaba.

verbitten • Das verbitt ich mir!
¡Esto / Eso no lo consiento / permito! / ¡Eso no me lo dice a mí a la cara!

verblassen • Das lässt alles andere daneben verblassen.
Eso hace palidecer cualquier otra cosa. / Eso hace que cualquier otra cosa carezca de importancia.

verboten • verboten aussehen
ir hecho una(s) pinta(s) (col) / un adefesio (col), tener pinta(s) de adefesio (col)
Iba hecho una pinta con la vieja gabardina de su padre.

Verdacht • etwas auf Verdacht hin tun
por si acaso, por si las moscas (col)
Me quedé en casa por si acaso, pues presentía que no era buen día para viajar.

verdammt • Verdammt noch mal!
¡Maldita sea! / ¡Maldición!

Vergleich • der Vergleich hinkt
La comparación cojea. (col) / Es una mala comparación

verhext • Das ist doch wie verhext!
¡Es para volverse loco! (col) / ¡Es cosa de brujas! (col)

Verrat • nach Verrat stinken
Huele a traición. / Apesta a traición.
Tu actitud hipócrita apesta a traición últimamente. ¿De dónde sacas esas ideas?

verraten • verraten und verkauft
estar vendido
Lo intentamos todo, pero estábamos vendidos: nos habían robado la idea.

Vers • sich keinen Vers auf etwas machen können
no encontrarle a algo ninguna explicación, no poder explicárselo
Le he dado vueltas y más vueltas al asunto, pero sigo sin poder explicármelo.

verschonen • Verschone mich damit!
¡Déjame en paz (con eso)! / ¡No me molestes / des la lata (con eso) (col)! / ¡No me vengas con eso!

verschwinden • mal verschwinden müssen
tener que cambiar el agua al canario (col), tener que hablar con el señor / poner una conferencia al señor Roca (col)
Lo malo de beber cerveza es que tienes que cambiarle muchas veces el agua al canario.

Verstand • etwas mit Verstand essen / trinken
saborear algo
Son unos sibaritas y les encanta saborear las mejores especialidades de cada país.

Versuch • es auf den Versuch ankommen lassen
Vale la pena probarlo. / Hay / Habría que probarlo.

Versuchskaninchen • ein Versuchskaninchen sein
ser un cobaya / un conejillo de indias
Queréis dejar en paz al pequeño; a veces me parece que Julito es vuestro cobaya.

Verzweiflung • jmd zur Verzweiflung treiben
hacer desesperar a alg., volver loco a alg. (col)
Esos chicos hacen que me desespere con el lío que montan, aquí no hay quien trabaje.

vier • auf allen vieren
a gatas, a cuatro patas (col)
No sé qué pensó viéndome a gatas por el pasillo, pero te juro que buscaba una lentilla.

vier • alle viere von sich strecken
caer redondo / rendido
Después de trabajar durante más de doce horas seguidas caí redondo en la cama.

Vogel • Friss Vogel, oder stirb!
(Estas son) Lentejas, si quieres las comes y si no, las dejas.

Vogel • ein komischer Vogel sein
ser un bicho (col) / tipo raro, ser más raro que un perro verde (col)
Es un tipo muy raro; siempre está en la plaza hablando solo, o con las palomas ...

Vogel • jmd einen Vogel zeigen
hacerle un gesto a alg. de que está loco
Al ver que Paco se quedaba allí, Pepe hizo un gesto significativo con el dedo en la sien.

voll • aus dem Vollen schöpfen
nadar en la abundancia, disponer de amplios recursos, hacer su agosto (col)
Su alta cualificación y la buena coyuntura les permitirán pronto nadar en la abundancia.

vorbeugen • Vorbeugen ist besser als Heilen. (prov)
Más vale prevenir que curar. (prov) / Hombre prevenido / precavido vale por dos. (prov)

Vordermann • auf Vordermann bringen
jmd: meter a alg. en cintura (col), poner firme a alg. (col)
Si quieres un consejo, yo en tu lugar metería en cintura a tus colaboradores.
etwas: dejar algo (limpio) como una patena (col)
Habéis puesto todo patas arriba; tenéis diez minutos para dejarlo como una patena.
Kenntnisse: refrescar, desempolvar
Pronto haré un viaje de trabajo a Brasil, así que tendré que refrescar mi portugués.

vormachen • sich etwas vormachen
engañarse a sí mismo, engañarse uno mismo, autoengañarse
Lo peor de él es que siempre se engaña a sí mismo con las excusas que se inventa.

vormachen • sich nichts vormachen lassen
no dejarse engañar, no tener un pelo de tonto (col), no poder dárselas a uno con queso (col)
¡A otro perro con ese hueso!, que no tengo un pelo de tonto.

Vorrat • solange der Vorrat reicht ...
mientras duren las existencias ... / hasta que se agoten las existencias ...

Vorrede • ohne lange Vorrede ...
sin demasiados preámbulos ... / yendo al grano ... (col) / sin soltar el rollo ... (col) / abreviando, que es gerundio ... (col)

Vorsicht • Vorsicht ist die Mutter der Porzellankiste. (prov)
Hombre precavido / prevenido vale por dos. (prov) / Más vale prevenir que curar. (prov)

Vorspiegelung • die Vorspiegelung falscher Tatsachen
mediante fraude / engaño / fingimiento / impostura, el cuento del tío (ant) (col)
Roldán llegó a ser ministro mediante fraude y su carácter corrupto lo llevó a la cárcel.

Vorzeichen • unter schlechtem Vorzeichen stehen
nacer bajo malos auspicios / augurios, estar destinado al fracaso
Aunque apoyamos el proyecto, sabíamos que había nacido bajo malos auspicios.

Waage • sich die Waage halten
equilibrarse / complementarse / compensarse mutuamente
Son una familia perfecta: a pesar de ser muy distintos, se complementan mutuamente.

Waagschale • (seinen Einfluss) in die Waagschale werfen
inclinar la balanza a su favor, mover los hilos (col), poner su influencia en juego, ejercer su influencia
Como es un hombre muy bien relacionado, movió los hilos para colocar bien a sus hijos.

Waffe • die Waffen einer Frau
las armas de una mujer, las armas femeninas, Tiran más dos tetas que dos carretas. (vulg)
En culturas machistas muchas mujeres sólo pueden recurrir a sus armas femeninas.

Waffe • jmd mit seinen eigenen Waffen schlagen
batir a alg. con sus propias armas (col), rebatir a alg. con sus mismos argumentos
La mejor victoria electoral es aquella en que se bate al ponente con sus propias armas.

Wagen • sich (nicht) vor jmds Wagen spannen lassen
(no) dejar / permitir que lo utilicen a uno, (no) dejarse manipular
No acepté el soborno que me proponían, pues no dejo nunca que me manipulen.

wagen • Wer wagt, gewinnt. (prov)
Quien no se arriesga, no pasa la mar. (prov)

Wahl • keine Wahl haben
no tener (otra) elección / (otra) opción / más remedio
Tenemos que irnos del piso y no tenemos elección: si no nos vamos, nos echan.

Wahl • Wer die Wahl hat, hat die Qual. (prov)
costarle mucho a alg. decidirse, no poder decidirse
Siempre me cuesta mucho decidirme por un helado porque me gustan todos.

wahnsinnig • Das kann einen ja wahnsinnig machen!
¡Esto / Eso es para volverle loco a uno / a cualquiera!
¡Los gritos continuos en esa casa son para volver loco a cualquiera!

wahr • so wahr ich hier stehe
tan seguro como que estoy yo aquí ahora
No te devolverá el dinero que le prestaste, tan seguro como que estoy yo aquí ahora.

währen • Was lange währt, wird gut. (prov)
Tiempo al pez, que él picará alguna vez. (prov)

Wahrheit • die nackte Wahrheit
la cruda realidad
Su abogado le aconsejó enfrentarse a la cruda realidad y admitir los hechos ante el juez.

Wahrheit • Sie nimmt es mit der Wahrheit nicht so genau.
tomarse algo con reservas
Siempre hay que tomarse lo que la gente dice en público con reservas.

Waisenknabe • Gegen ihn bin ich ein Waisenknabe.
No le llego ni a la suela de los zapatos. (col) / Soy un pobrecito comparado con él. / No estoy a su altura. / No hay comparación entre él y yo.

Wald • Ich glaub, ich steh im Wald!
¡Parece mentira! / ¡No me lo puedo creer!

Wald • Wie man in den Wald hineinruft, so schallt es zurück. (prov)
Según el hato, así te trato. (prov)

Wald • den Wald vor lauter Bäumen nicht sehen
Los árboles no dejan ver el bosque.
En los casos concretos los árboles no nos dejan ver el bosque, es decir, la idea general.

Wand • die Wand hochgehen (vor Wut)
subirse por las paredes (de rabia) (col), estar uno que echa chispas (col) / que arde (col) / que echa humo (col)
Nunca me perdonará que ocupara su puesto. Cuando me ve se sube por las paredes.

Wand • jmd an die Wand spielen
robarle el protagonismo / la escena a alg., eclipsar a alg.
Tiene mucho talento … Con una guitarra en la mano le roba el protagonismo a cualquiera.

Wand • jmd an die Wand stellen
llevar a alg. al paredón, fusilar a alg., pasar a alg. por las armas
Durante la guerra civil española llevar a alg. al paredón estaba a la orden del día.

Ware • Gute Ware lobt sich selbst.
El buen paño en el arca se vende. (prov)

warm • sich jmd warm halten
llevarse bien con alg., tener buen rollo con alg. (col), mantener buenas relaciones con alg.
Nos llevamos todos bien en clase; no hay rivalidad ni envidias y sí mucho compañerismo.

warm • mit jmd (nicht) warm werden können
(no) haber / funcionar la química entre dos personas (col), (no) congeniar con alg., (no) poder llevarse bien con alg.
Congeniamos desde el primer momento y quedamos a menudo en nuestros ratos de ocio.

warm • mit etwas (nicht) warm werden können
(no) ser capaz de acostumbrarse / de hacerse (col) a algo
Por mucho que lo intento no soy capaz de acostumbrarme a los precios en euros.

warum • das Warum und Weshalb
el porqué
Para mí el fin no justifica los medios si el porqué no resulta convincente.

waschen • etwas hat sich gewaschen
eine Geldstrafe: una multa de aúpa (col) / de órdago (col) / del copón (vulg) / que te cagas (vulg)
Le pusieron una multa de aúpa por tener a dos trabajadores sin contrato.
eine Prüfung: un hueso duro de roer (col), un marrón / un muerto que no veas (col)
El examen de matemáticas fue un hueso duro de roer.
eine Ohrfeige: una bofetada de aúpa (col) / un sopapo de órdago (col) / una leche del copón (vulg) / una hostia que te cagas (vulg)
Ella le dio una bofetada de aúpa cuando lo pilló con su mejor amiga en la cama.

Wäsche • dumm aus der Wäsche gucken
mirar como (un) atontado (col) / un tonto (col) / un papamoscas (col) / un gilipollas (vulg)
Cuando le dije que su idea no servía para nada se me quedó mirando como atontado.

Wäsche • seine schmutzige Wäsche in der Öffentlichkeit waschen
lavar los trapos sucios en público (col)
Los trapos sucios se lavan en casa, no en público.

waschecht • ein waschechter (Preuß) sein
ser (un prusiano) de pura cepa (col) / de los pies a la cabeza (col) / de tomo y lomo (col) / nato
Aunque no se le note en el acento, es un bávaro de pura cepa.

Waschlappen • ein Waschlappen sein
physisch: ser un enclenque
Charakter: ser un cortado (col) / un parado (col) / un aguafiestas (col) / un Juan Lanas (ant)
Es un cortado, no es capaz ni de iniciar una conversación en una fiesta.

Waschweib • tratschen wie ein altes Waschweib
cotillear / chismorrear como una maruja (col)
No es que yo sea anticuado, sino que él se pasa el día cotilleando como una maruja.

Wasser • Die kochen auch nur mit Wasser.
En todas partes cuecen habas. (prov) / Aquí tampoco atan los perros con longaniza. (prov)

Wasser • Das ist Wasser auf seine / unsere Mühle.
Le / Nos viene de perillas / de perlas (col) / la mar de bien (col) / que ni pintado. (col)

Wasser • Bis dahin fließt noch viel Wasser die Spree (ersetzbar durch beliebigen Flussnamen) hinunter.
Todavía lloverá / tiene que llover mucho hasta entonces.

Wasser • nahe ans Wasser gebaut haben
ser de lágrima fácil (col), ser un(a) llorica (col), ser una plañidera, llorar fácilmente
No te sorprendas si vais a ver La Traviata y llora, porque es de lágrima fácil.

Wasser • mit allen Wassern gewaschen sein
saberse / conocerse todos los trucos (col), tener mucha mili (col) / mucha escuela (col) / mucho rodaje (col), sabérselas todas (col)
No intentes engañarme, que soy perro viejo y me sé todos los trucos.

Wasser • sich über Wasser halten
normalerweise Essen: tomar un tentempié / un piscolabis
nur finanziell: mantenerse a flote (col), capear el temporal (col)
Nos tomamos un tentempié en el centro antes de ir a casa a comer.

Wasser • jmd läuft das Wasser im Munde zusammen
a alg. se le hace la boca agua
En Galicia se me hace la boca agua sólo de pensar en el marisco que me voy a comer.

Wasser • jmd nicht das Wasser reichen können
no llegarle a alg. a la suela de los zapatos (col) / a los zancajos (ant)
¡Es un fenómeno! La mayor parte de los futbolistas no le llegan a la suela de los zapatos.

Wasser • Stille Wasser sind tief. (prov)
Del agua mansa me libre Dios, que de la brava me libro / guardo / guardaré yo. (prov)

Wasserfall • reden wie ein Wasserfall
hablar por los codos (col), hablar como una cotorra (col) / un loro (col)
Es alguien que habla por los codos, así que si quieres ahorrar tiempo vete al grano.

wässrig • jmd den Mund wässrig machen
algo provoca / hace que a alg. la boca se le haga agua (col)
Pensar en ir a ese restaurante hace que la boca se me haga agua.

Watte • jmd in Watte packen
tener a alg. entre algodones (col), sobreproteger a alg.
No es extraño que esté muy consentido, ya que siempre lo han tenido entre algodones.

Wecker • jmd auf den Wecker gehen (fallen)
poner enfermo / de los nervios / del hígado a alg. (col), crispar los nervios a alg. (col), joder / tocar los cojones / las pelotas a alg. (vulg), dar la lata (col) / la murga (col), dar dolor de cabeza a alg.
La voz de pito que tiene y las tonterías que dice me ponen de los nervios.

Weg • neue Wege beschreiten
abrir nuevos caminos, ser un pionero
Su éxito radica en que siempre abre nuevos caminos con métodos que nadie ha probado.

Weg • etwas zu Wege bringen
llevar algo a cabo / a término, rematar
Ha empezado muchos estudios, pero no ha llevado ninguno a cabo.

Weg • den Weg des geringsten Widerstandes gehen
seguir la ley del mínimo esfuerzo (col)
Aunque dé resultado, no es bueno para nuestra imagen seguir la ley del mínimo esfuerzo.

Weg • sich auf halbem Wege treffen
<u>finanziell:</u> encontrarse en el medio, llegar a un acuerdo satisfactorio para ambas partes
Las negociaciones fueron muy duras, pero finalmente nos encontramos en el medio.

Weg • Der gerade Weg ist der kürzeste.
No hay mejor atajo que la honradez.

Weg • jmd aus dem Weg räumen / schaffen
quitar de en medio a alg. (col), deshacerse / desembarazarse de alg., despachar / liquidar a alg. (col)
Con relativa frecuencia hay ajustes de cuentas mafiosos en Marbella y se deshacen de alg..

Weg • sich selbst im Wege stehen
echar piedras contra su propio tejado (col), ser el peor enemigo de sí mismo
Facilitando información a la competencia estás echando piedras sobre tu propio tejado.

Weg • jmd nicht über den Weg trauen
no fiarse ni un pelo de alg. (col), no tener la menor / ninguna confianza en alg.
Sé que no es algo racional, pero intuitivamente no me fío ni un pelo de él.

Weg • Der Weg zur Hölle ist mit guten Vorsätzen gepflastert. (prov)
De buenas intenciones está empedrado el infierno. (prov)

weh • Wo tut's denn weh?
¿Qué pasa contigo? (col) / ¿Qué problema tienes?

Weihnachtsgans • jmd ausnehmen wie eine Weihnachtsgans
desplumar a alg. (col), dejar a alg. pelado (col)
Deja pelado a cada inocente que pilla por ahí para pasar luego a desplumar al siguiente.

Wein • jmd reinen Wein einschenken
hablar en plata (col) / en cristiano a alg. (col), confesárselo todo a alg., decirle la verdad a alg.
No me atrevía a decírtelo claramente, pero ahora te hablaré en plata: estoy harta de él.

Wein • heimlich Wein trinken und öffentlich Wasser predigen
no predicar con el ejemplo (col)
Es muy exigente con los demás pero no predica con el ejemplo y su educación es nula.

weinen • Es ist zum Weinen.
Es para (ponerse a) llorar.

Weisheit • Behalte deine Weisheiten für dich.
Guárdate tus consejos para ti.

Weisheit • der Weisheit letzter Schluss
el último recurso

Weisheit • Sie tut, als ob sie die Weisheit mit Löffeln gefressen hat.
Se cree que es un pozo de sabiduría. (col) / Se cree que lo sabe todo. / Se cree que tiene todas las respuestas.

Weißglut • jmd zur Weißglut bringen
poner a alg. enfermo (col), poner a alg. del hígado (col) / de los nervios (col), poner a alg. a cien (col), sacar a alg. de sus casillas (col)
Me pone enferma su falta de respeto y la poca consideración que tiene con los demás.

weit • Weit gefehlt!
¡Ni mucho menos! (col) / ¡Ni por asomo! (col) / ¡Para nada! (col)

weit • Das geht zu weit
¡Esto pasa de la raya (col) / va demasiado lejos! / ¡Esto / Eso es demasiado! / ¡Esto / Eso pasa de castaño oscuro! (col) / ¡Hasta ahí podíamos llegar! (col) / ¡Es el colmo! (col)

weiter • und so weiter und so fort
y así sucesivamente / etcétera, etcétera …
Lo saben todos. Él se lo dijo a Dani, Dani a Javier, Javi a Laura, y así sucesivamente.

Weizen • den Weizen von der Spreu trennen
apartar el grano de la paja (bibl)
Tendremos que hacer una reestructuración de empresas y apartar el grano de la paja.

Wellen • hohe Wellen schlagen
levantar / armar polvareda (col) / revuelo (col), causar conmoción
El anuncio de la boda entre el torero y la cantante a levantado una tremenda polvareda.

Welt • Wer / Warum / Was in aller Welt ... ?
¿Quién / Por qué / Qué diablos ... ? (col) / ¿Quién / Por qué / Qué coño / cojones ... ? (vulg)

Welt • nicht die Welt kosten
no costar un riñón (col), no costar un ojo de la cara (col)
Para su boda deberías comprarte un traje mejor, que no tiene por qué costarte un riñón.

wennschon • wennschon, dennschon
de perdidos, al río (col)

Werk • ein gutes Werk tun
hacer una buena obra / acción, hacer la buena acción del día
Hoy voy a portarme bien con el pesado de Abelardo y esa será mi buena acción del día.

Wespennest • ins Wespennest stechen (greifen)
meterse en un avispero (col)
Quería ayudar a zanjar la disputa, pero no se dio cuenta de que se metía en un avispero.

Weste • eine weiße Weste haben
tener las manos limpias (col), tener el expediente limpio, no tener antecedentes
Sé que estoy entre los sospechosos, pero soy inocente y tengo las manos limpias.

Westentasche • etwas wie seine Westentasche kennen
conocer algo como la palma de su mano (col)
Conozco ese barrio como la palma de mi mano, porque trabajé allí casi siete años.

wickeln • schief gewickelt sein
estar muy equivocado / confundido
Manolo, estás muy equivocado pensando que Teresa te va a esperar eternamente.

Wiege • von der Wiege bis zur Bahre
desde la cuna hasta la sepultura, de la cuna a la tumba

Wiese • auf der grünen Wiese
en medio del campo
El cibertrabajo permite que algunas empresas tengas más trabajadores en medio del campo que en la ciudad.

Wiesel • (flink) wie ein Wiesel
(rápido) como un rayo (col) / como una exhalación (col)
Entró aquí, pero no lo vi marcharse porque se fue como un rayo.

Wille • Wo ein Wille ist, ist auch ein Weg. (prov)
Querer es poder. (prov) / Querer y poder, hermanos vienen a ser. (prov) / Donde hay gana, hay maña. (prov)

Wille • den guten Willen für die Tat nehmen
la intención es lo que cuenta
La paella no le salió como esperaba, pero la intención es lo que cuenta y se lo agradecí.

Wille • beim besten Willen nicht
por mucho que quiera, no ..., ni con la mejor voluntad del mundo
No puedo llevarte a casa por mucho que quiera, pues se me estropeó ayer el coche.

Wimper • ohne mit der Wimper zu zucken
sin pestañear
Le dijo que ya no quería casarse con él sin pestañear.

Wind • ein frischer Wind
un soplo de aire fresco, nuevos vientos, vientos de cambio
El cambio de gobierno ha traído a España un soplo de aire fresco.

Wind • Mach nicht so viel Wind!
¡No armes / montes tanto escándalo / follón / jaleo! (col)

Wind • Daher weht der Wind!
¡Por ahí van los tiros! (col)

Wind • jmd den Wind aus den Segeln nehmen
cortar las alas a alg. (col), tomarle la delantera a alg.
Sus propios jefes le cortaron las alas en cuanto vieron que quería ascender con rapidez.

Wind • von etwas Wind bekommen
olerse la tostada (col) / el poste (col) / el asunto (col) / algo (col), darle en la nariz algo a alg. (col), enterarse de algo
Dicen que pagarán, pero hace días que me huelo la tostada por otras cosas que he oído.

Wind • viel Wind um eine Sache machen
armar mucho revuelo en torno a algo (col), hacer algo más difícil de lo que es, complicar algo
No hagas mi marcha más difícil de lo que ya es, así que serénate y hablemos con calma.

Wind • Wer Wind sät, wird Sturm ernten. (prov)
Quien siembra viento(s), recoge tempestades. (prov)

Wind • in den Wind schlagen
hacer oídos sordos a alg. (col), desoír los consejos de alg.
Hicieron oídos sordos a mis consejos y, ahora que se han arruinado, se arrepienten.
desechar, despreciar, no hacer caso
Despreciaron la legalidad y comenzaron a construir la casa sin planos ni permisos.

Wind • sich den Wind um die Nase wehen lassen
ver mundo
Ha visto mundo trabajando en la marina mercante, pero ahora quiere quedarse aquí.

Wind • bei Wind und Wetter
por mal tiempo que haga
Saldremos mañana de viaje por muy mal tiempo que haga.

windelweich • jmd windelweich schlagen
moler a palos (col), darle a uno una paliza (col) / somanta (col), ponerle a uno fino (col) / como un pulpo (col) (ant)
Al pobre hombre lo cogieron entre varios cabezas rapadas y lo molieron a palos.

Windhund • ein Windhund sein
ser un calavera (col) / un perdido (col)
Se ha vuelto un calavera y ya no queda nada de aquel amigo fiel, alegre y generoso.

Windmühle • gegen Windmühlen ankämpfen
luchar contra molinos de viento (col) / contra un enemigo imaginario
Sería un buen vendedor si no luchara siempre contra molinos de viento que sólo él ve.

Wink • jmd einen Wink geben
hacer una señal / un gesto a alg.
Me hizo una señal para que viera que estaba metiendo la pata con lo que estaba diciendo.

Wink • ein Wink mit dem Zaunpfahl
soltar / lanzar / echar / tirar una indirecta (col), dar a entender de manera clara algo
Sé que le gusto y le he lanzado muchas indirectas, pero es que no se entera.

Wirbel • großen Wirbel machen
armar / montar un número (col) / un numerito (col) / una / la gorda (col) / un (buen) lío (col) / follón (col) / jaleo (col), hacer muchos aspavientos (col)
Siempre monta el numerito al llegar a la guardería, pero allí se lo pasa luego en grande.

Woge • wenn sich die Wogen geglättet haben
cuando las aguas hayan vuelto a su cauce (col) / cuando se haya calmado todo / cuando se hayan calmado los ánimos
El enfado es aún reciente; ya hablaré con ellos cuando las aguas hayan vuelto a su cauce.

Wohl • das Wohl und Wehe
los altibajos, las vicisitudes
Ayer estuve contándole a Ernesto los altibajos de mis diez años en Guinea.

Wolf • Ich fühle mich wie durch den Wolf gedreht.
Me siento como si me hubieran hecho picadillo (col) / puré. (col)

Wolf • mit den Wölfen heulen
seguir la corriente (col), dejarse llevar por los demás / ¿Dónde va Vicente? ... Donde va la gente. (col)
Con nosotros eres independiente si te viene bien, pero fuera te dejas llevar por los demás, sobre todo por tus nuevos amiguitos; claro: ¿dónde va Vicente?, donde va la gente ...

Wolf • ein Wolf im Schafspelz sein
ser un lobo con piel de cordero (col), ser un hipócrita / cara de beato, uñas de gato (prov)
No confío nada en él; parece una mosquita muerta, pero es un lobo con piel de cordero.

Wolke • aus allen Wolken fallen
quedarse alucinado (col) / flipado (col) / perplejo / estupefacto / patidifuso (col) / pasmado (col)
Me quedé alucinado al ver cuánto habían crecido Roberto y Juan Pedro.

Wolle • sich mit jmd in die Wolle kriegen
acalorarse con alg. (col), encolerizarse / enfadarse / enojarse (Lam) con alg.
Nos acaloramos discutiendo de fútbol y a él todavía no se le ha pasado el enfado.

Wort • Das ist ein Wort!
¡Así se habla! / ¡Bien dicho!

Wort • Nichts als Worte!
¡Nada más que palabras! / ¡Son sólo palabras (y nada más)!
Te diga lo que te diga, no será nada más que palabras y no lo respaladará con hechos.

Wort • Hast du da noch Worte!
¡Me dejas sin habla! / ¡Qué más puedo decir!

Wort • jmd das Wort abschneiden
cortar la palabra, interrumpir a alg., dejar a alg. con la palabra en la boca (col)
Era mi turno, pero uno de los invitados me cortó la palabra.

Wort • jmd mit leeren Worten abspeisen
despachar / entretener a alg. con vanas promesas, traer a alg. en palabras (col)
Para mí que nos traen en palabras con tanta promesa que, creo, no cumplirán.

Wort • ein Wort gab das andere
una palabra / cosa dio pie / llevó a otra
Nadie sabe cómo empezó la bronca en el bar, pero seguro que una palabra llevó a otra.

Wort • jmd das Wort im Munde umdrehen
tergiversar / dar la vuelta a / torcer las palabras de alg. (col) / lo que alg. dice (col)
Casi siempre que hago una declaración pública se le da la vuelta a mis palabras.

Wort • etwas in schöne Worte kleiden
disfrazar algo con bellas / bonitas / lindas (Lam) palabras
No me dieron el puesto y disfrazaron su decisión con bonitas palabras: lo de siempre.

Wort • Schöne Worte, aber das macht den Kohl nicht fett.
Bonitas palabras, pero eso no resuelve nada / no lleva a ninguna parte / no añade nada nuevo.

Wort • jmd beim Wort nehmen
tomar / coger a alg. la palabra
Me has prometido no llevarte nada de trabajo para las vacaciones y te tomo la palabra.

Wort • Da ist das letzte Wort noch nicht gesprochen.
Todavía / Aún no se ha dicho la última palabra sobre eso / ese asunto.

Wörtchen • Da habe ich auch noch ein Wörtchen mitzureden.
Ahí / En eso todavía tengo voz y voto.

Wörtchen • Wenn das Wörtchen wenn nicht wär ... (, wär mein Vater Millionär.)
Si no fuera por el «si» y por el «pero», ¿quién no tendría dinero? (prov)

Wunde • den Finger auf die / (in die offene) Wunde legen
meter el dedo en la llaga (col), sacar a relucir un asunto espinoso (col)
Como es un mentiroso compulsivo, al pedirle tú explicaciones metiste el dedo en la llaga.

Wunde • tiefe Wunden schlagen (bei jmd)
herir a alg. profundamente / en lo más hondo
Tus observaciones sobre mi actitud con los vecinos me han herido profundamente.

Wunder • Das grenzt an ein Wunder.
Raya en lo milagroso. / Es casi un milagro. / Parece un milagro.

wundern • Ich wundere mich über gar nichts mehr.
Ya no hay nada que me sorprenda / asombre. / Ya no me sorprende / asombra nada.

Wunsch • Da ist der Wunsch der Vater des Gedanken.
Son sólo / todo ilusiones.
Tus proyectos son muy bonitos, pero son sólo ilusiones.

Wunsch • einen Wunsch frei haben
poder pedir un deseo
Si pudieras pedir un deseo, ¿cuál sería?

Würfel • Die Würfel sind gefallen.
La suerte está echada. (col) / Alea jacta est. (Latein)

Wurm • Da ist der Wurm drin!
¡Algo falla! / ¡Hay algo que no va! / ¡La cosa va mal!

Wurst • Jetzt geht's um die Wurst.
Ahora es el momento decisivo / la hora de la verdad

Wurst • Das ist mir Wurscht!
¡Me importa un comino (col) / un pepino (col) / un pimiento (col) / un bledo (col) / un rábano (col) / un pito (col) / una leche (vulg) / un cuerno (col)! / ¡Me importa una mierda (vulg) / tres pares de cojones (vulg)! / ¡Me la suda (vulg) / la pela (vulg) / la trae floja (vulg)!

Wurzel • Wurzeln schlagen
echar raíces
Aunque Gabriel no es de aquí, ha echado raíces y está totalmente integrado.

Wüste • jmd in die Wüste schicken
obligar a alg. a hacer la travesía del desierto (col), condenar a alg. al ostracismo
Fue un artista famoso hace años, pero un escándalo lo condenó al ostracismo.

Wut • eine Wut im Bauch haben
tener la rabia metida en el cuerpo (col), estar uno que arde (col) / que echa chispas (col) / que trina (col) / que echa leches (vulg)
Durante la reunión tenía la rabia metida en el cuerpo por lo que se había dicho de él.

X • jmd ein X für ein U vormachen
dar a alg. gato por liebre (col), engañar a alg.
Reservamos un hotel por Internet y nos dieron gato por liebre: la supuesta habitación de lujo es más bien un cuchitril.

X-Beine • X-Beine haben
ser patizambo / zambo, tener piernas en (forma de) X
Se reían de él porque era patizambo, pero hoy es el único que ha llegado a lo más alto.

X-mal
cien / mil / diez mil / cien mil veces, un millón de veces, infinidad / multitud de veces
A pesar de que ella se lo recordó mil veces, él se olvido nuevamente de llevarle el libro.

Zack • auf Zack sein
estar al loro (col) / alerta
Yo siempre estoy al loro, pues es mejor estar preparado para adaptarse a los cambios.

Zacken • Da wird dir kein Zacken aus der Krone fallen.
No se te caerán los anillos (por eso). / No te vas a morir (por eso).

Zahl • rote Zahlen schreiben
estar en números rojos
La empresa iba bien, pero con el encarecimiento del petróleo está en números rojos.

Zahn • der Zahn der Zeit
los estragos (provocados por el paso) del tiempo
Se conserva muy bien y apenas se le notan en el cuerpo los estragos del tiempo.

Zahn • einen Zahn drauf haben
ir a una velocidad endiablada / de vértigo
No será un conductor seguro, como dices, si siempre va a una velocidad endiablada.

Zahn • jmd auf den Zahn fühlen
sondear / tantear a alg. (col)
Antes de contratarlo le tomaron bien el pulso para estar seguros de la decisión.

Zahn • ein steiler Zahn sein
ser / estar hecha (toda) una mujer (col), ser una mujer (col), ser una chica explosiva (col)
Hacía varios años que no veía a Sandra, y la verdad es que está hecha toda una mujer.

Zahn • die Zähne zeigen
enseñar los dientes (col) / los colmillos (col) / las uñas (col)
Acéptalo, Javier: no puedes ir por la vida enseñando los dientes a las primeras de cambio.

Zahn • jmd den Zahn ziehen
quitarle a alg. algo de la mente / de la cabeza, acabar con algo, poner fin a algo
Él siempre había querido dar la vuelta al mundo, pero su mujer se lo quitó de la cabeza.

Zahn • einen Zahn zulegen
darse prisa, apurarse (Lam)
Apúrate, que si no llegamos tarde al cine y no me gusta ver una película ya empezada.

Zahn • die Zähne zusammenbeißen
morderse los labios, apretar los dientes y aguantarse, mantener el tipo (col)
Aunque su mujer lo dejó en ridículo, él se mordió los labios y mantuvo el tipo.

Zahnfleisch • auf dem Zahnfleisch gehen
estar en las últimas (col), estar hecho polvo (col), estar agotado / deshecho (col), andar de capa caída (col)
Después de este último mes de trabajo y poco sueño estoy en las últimas.

Zank • Zank und Streit
(haber) moros y cristianos (col), jaleos y disputas
Estoy deseando cambiar de trabajo, porque no hay día sin que haya moros y cristianos.

Zauber • ein fauler Zauber
pamplinas (col), una patraña, un engaño, un embuste, mentiras, charlatanería
Todas las excusas con que intenta disculparse son pamplinas, no me creo nada.

Zauber • der ganze Zauber
la broma

zaubern • Ich kann doch nicht zaubern!
¡No puedo hacer milagros!

Zaum • sich im Zaum halten
no salirse de madre (col), controlarse, contenerse, refrenarse, mantenerse a raya (col)
Una invitada le tiró una copa de vino, pero él no se salió de madre y mantuvo la calma.

Zeichen • die Zeichen der Zeit erkennen
reconocer el signo de los tiempos
Este empresario siempre sabe reconocer el signo de los tiempos y adaptarse con éxito.

Zeichen • Es geschehen noch Zeichen und Wunder!
Cuando menos te lo esperas sucede un milagro.

Zeit • Alles zu seiner Zeit!
¡Todo a su (debido) tiempo! / Cada cosa a su tiempo (y los nabos en adviento). (prov)

Zeit • die gute alte Zeit
los buenos / viejos tiempos
Estuvimos toda la noche hablando de los viejos tiempos y riéndonos sin parar.

Zeit • Das waren noch Zeiten ...
¡Qué tiempos aquellos!

Zeit • mit der Zeit gehen
ir con los tiempos / el tiempo
Últimamente el ir con los tiempos se ha vuelto una obsesión para mucha gente.

Zeit • Kommt Zeit, kommt Rat. (prov)
Con el tiempo maduran las uvas. (prov)

Zeit • Spare in der Zeit, so hast du in der Not. (prov)
Guarda qué comer y no guardes qué hacer. (prov) / Guarda para cuando no haya.

Zeit • jmd die Zeit stehlen
robarle el tiempo a alg. (col), hacer perder tiempo a alg.
Las gestiones administrativas le robaron un tiempo precioso para los exámenes.

zeitlich • das Zeitliche segnen
tocar a su fin
Los buenos tiempos en la empresa tocan a su fin y ahora hay que apretarse el cinturón.

Zelt • seine Zelte abbrechen
cambiar de aires, emigrar, marcharse
En cuanto vio que se le acababa el crédito ante sus superiores, cambió de aires.

Zenit • im Zenit seines Lebens
estar en el cenit / apogeo / en la cumbre / en el momento álgido de su vida
En su etapa al frente de UCD Adolfo Suárez estaba en el cenit de su vida.

Zepter • das Zepter schwingen
llevar la voz cantante / la batuta (col)
No es el jefe del departamento, pero en muchas decisiones lleva la voz cantante.

Zerreißprobe • jmds Geduld auf die Zerreißprobe stellen
poner a prueba la paciencia de alg.
Con tantas exigencies estáis poniendo a prueba mi paciencia.

Zeter • Zeter und Mordio schreien
poner el grito en el cielo (col)
Pusieron el grito en el cielo al ver que los resultados eran desastrosos.

Zeug • jmd etwas am Zeug flicken wollen
enmendarle la plana a alg., criticar algo a alg.
Debe de tener un complejo de inferioridad, porque siempre quiere enmendarle la plana.

Zeug • das Zeug zu etwas haben
tener madera para / de algo (col), tener lo que hace falta para algo
Es alg. que tiene madera de actor; se le nota al hablar y en sus gestos.

Zeug • ... was das Zeug hält
a más no poder, hasta más no poder, hasta reventar (col), a muerte (col), como si le llevara el diablo (col), como (un) loco
Encajaron un gol y entonces lucharon a más no poder para empatar el partido.

Zeug • sich ins Zeug legen
bei Arbeit: echar / poner toda la carne en el asador (col), echar toda el agua al molino (ant) (col), trabajar a tope / a más no poder, poner todo su empeño / afán en algo, hacer todo lo posible
Echamos toda la carne en el asador para ayudarle y terminar la obra de la casa.
etwas / jmd unterstützen: defender algo / a alg. contra viento y marea (col), defender algo / a alg. a capa y espada (col)
Manuel es muy cabezota y trata siempre de defender lo que dice contra viento y marea.

Zeug • dummes Zeug reden
decir tonterías / chorradas (col) / burradas (col) / babosadas (Lam) (col) / disparates
Ese politico es el que dice un mayor número de tonterías por minuto de toda la cámara.

Ziege • eine alte Ziege sein
ser una (vieja) arpía (col) / bruja (col)
Nuestra vecina es una vieja arpía; siempre nos está espiando y protestando por todo.

ziehen • einen ziehen (fahren) lassen
echarse / tirarse / soltar un pedo (col)
Es tan vulgar que es capaz de echarse un pedo delante de cualquiera y después reírse.

Ziel • übers Ziel hinausschießen
pasarse (de la raya), ir demasiado lejos
Te has pasado pidiéndole que te lleve a la playa como si fuera tu chófer privado.

Zins • jmd etwas mit Zins und Zinseszins zurückgeben (-zahlen)
pagar algo a alg. con / en la misma moneda, dar a probar a alg. su propia medicina (col), devolver / pagar con creces algo a alg. (col)
Después de tantos desprecios, ella le pagó con la misma moneda y lo dejó por otro.

Zittern • mit Zittern und Zagen
temblando de miedo, todo tembloroso
Llegamos a la casa deshabitada por la noche y nos acercamos temblando de miedo.

Zittern • Da hilft weder Zittern noch Zagen.
De nada vale. / No sirve. / Es inútil temblar.

Zopf • ein alter Zopf
una costumbre anticuada
Excluir a las mujeres de desfiles festivos es una costumbre anticuada.

Zubrot • ein Zubrot verdienen
ganarse un sobresueldo / un complemento
Con las colaboraciones editoriales sólo me gano un pequeño sobresueldo.

Zuckerbrot • mit Zuckerbrot und Peitsche
con el palo y la zanahoria (col), una de cal y otra de arena (col)
Estoy harto de que mi hijo sólo funcione con el método del palo y la zanahoria.

zuerst • Wer zuerst kommt, mahlt zuerst. (prov)
(El) Primer venido, primer servido. (prov)

Zug • Zug um Zug
paso a paso
En el trabajo soy clásico: voy paso a paso y no me salto ningún proceso.

Zug • Das ist kein schöner Zug von ihm!
Eso no es lo mejor que tiene / Eso no es lo mejor de su carácter. / Eso no es muy amable de su parte.

Zug • in vollen Zügen
plenamente, completamente, de lleno
La sentencia del juez ha satisfecho plenamente la petición de los demandantes.

Zug • in den letzten Zügen liegen
<u>bald sterben:</u> estar en las últimas (col) / al cabo / dando las (últimas) boqueadas (col) / los últimos alientos / a las puertas de la muerte (col) / a punto de palamarla (col) / de estirar la pata (col) / de espicharla (col) / de irse al otro barrio (col), tener un pie en la tumba (col)
El bisabuelo está en las últimas y toda la familia está esperando ya lo peor.
<u>mit etwas fast fertig sein:</u> estar a punto de rematar, estar en la fase final, estar en el último tramo
Estoy a punto de rematar mis estudios de arquitectura con un gran proyecto.

Zügel • die Zügel fest in der Hand halten
tener la sartén por el mango (col), cortar el bacalao (col)
Es una empresa familiar y el abuelo es quien tiene la sartén por el mango.

Zumutung • Das ist eine Zumutung!
¡Es una frescura! / ¡No hay derecho! / ¡Esto es demasiado / el colmo! / ¡Esto pasa de castaño oscuro! (col)

Zunder • brennen wie Zunder
arder como (la) paja / como la yesca
Tenéis que tener cuidado al trabajar con estos materiales porque arden como la paja.

Zunge • sich die Zunge abbrechen
trabársele la lengua a uno
Tiene que ir al logopeda porque se le traba la lengua con las palabras largas.

Zunge • Es liegt mir auf der Zunge.
Lo tengo en la punta de la lengua. (col)

Zunge • sich eher die Zunge abbeißen, als ...
preferir morirse / pegarse un tiro antes que ... (col)
Prefiero morirme antes que pedirle a él cualquier cosa.

Zunge • seine Zunge im Zaum halten
cuidar su lengua (col), tener cuidado con lo que se dice
Ten cuidado con lo que dices en el juicio, ya que pueden utilizarlo luego en tu contra.

Zünglein • das Zünglein an der Waage sein
ser el fiel de la balanza (col), ser el factor decisivo
En Alemania el partido verde ha sido el fiel de la balanza en algunas elecciones.

zustehen • es steht dir nicht zu ...
no te incumbe a ti ... / no es de tu incumbencia ... / no te corresponde a ti ...

Zwang • Tu dir keinen Zwang an!
¡Déjate de cumplidos / de rodeos! (col) / ¡No tienes por qué tener reparos!

Zweck • Der Zweck heiligt die Mittel.
El fin justifica los medios.

Zweifel • über jeden Zweifel erhaben sein
estar por encima de / fuera de / más allá de toda duda
Has hecho bien en contratarlo: su profesionalidad está fuera de toda duda.

Zweifelsfall • im Zweifelsfall für den Angeklagten
conceder a alg. el beneficio de la duda
Concedieron al presunto terrorista el beneficio de la duda por falta de pruebas.

Zweig • auf keinen grünen Zweig kommen
no salir adelante, no tener éxito, no medrar
Ha probado todo tipo de trabajos, pero no ha conseguido salir adelante.

zweimal • sich etwas nicht zweimal sagen lassen
no hacerse de rogar, no pensárselo dos veces
No me hice de rogar cuando me dijo que podía entregar el encargo dos días más tarde.

Zwickmühle • in einer Zwickmühle sein
estar entre la espada y la pared (col) / en un dilema
Está entre la espada y la pared: no puede dejar su investigación ni tampoco terminarla.

Hueber
Sprachen der Welt

Wortschatz und mehr ...

Großer Lernwortschatz Spanisch
Erweiterte und aktualisierte Neuausgabe
15.000 Wörter zu 150 Themen
480 Seiten
ISBN 3–19–029493–3

15.000 Wörter, tausende von Anwendungsbeispielen sowie grammatische, lexikalische und landeskundliche Erläuterungen machen diese Neubearbeitung zu einem „Muss" für alle, die systematisch ihre Wortschatzkenntnisse vervollständigen möchten.

- ✔ topaktueller Wortschatz mit Lautschrift, Kollokationen und Beispielsätzen
- ✔ allerneueste Wörter wie z.B. Ökosteuer, Handy, EU-Erweiterung, alleinerziehender Vater
- ✔ Kurzgrammatik mit den wichtigsten Themen
- ✔ Spanisches und deutsches Register

Auch für Englisch, Französisch, Italienisch und Portugiesisch lieferbar.

Max Hueber Verlag   **www.hueber.de**

Hueber
Sprachen der Welt

Für Anfänger zum Üben und Nachschlagen

Powergrammatik Spanisch
192 Seiten
ISBN 3-19-004185-7

Anfänger können mit dieser modernen und innovativen Grammatik Themen in kleinen „Portionen" erarbeiten, begreifen und üben. Durch den klaren Seitenaufbau – linke Seite Übersichten, Regeln und Erklärungen, rechte Seite Übungen – vermittelt das Buch schnell und leicht verständlich Grammatikkenntnisse, die zum Niveau A2 führen.

- Klarer, transparenter Aufbau
- Lustige Cartoons führen unterhaltsam in das Grammatikthema ein und unterstützen visuell den Lernprozess
- Zahlreiche Tests zur Überprüfung des Lernfortschritts
- Lösungsschlüssel, Register und Übersichten im Anhang
- Kompaktes Format, ideal zum Lernen unterwegs.

Auch für Englisch, Französisch und Italienisch lieferbar.

Max Hueber Verlag   **www.hueber.de**